A CHAVE MESTRA
PARA O TARÔ
WAITE-SMITH

Johannes Fiebig
Evelin Bürger

A CHAVE MESTRA
PARA O TARÔ
WAITE-SMITH

– Um Guia Completo para Estudo dos
Conceitos Fundamentais, dos Símbolos e Interpretações –

Tradução
Karina Jannini

Editora
Pensamento
SÃO PAULO

Título do original: *Tarot Basics Waite – Symbole, Schlüsselbergriffe Deutungen.*
Copyright © 2022 Königsfurt-Urania Verlag GmbH
Copyright da edição brasileira © 2023 Editora Pensamento-Cultrix Ltda.
1ª edição 2023.

Todos os direitos reservados. Nenhuma parte deste livro pode ser reproduzida ou usada de qualquer forma ou por qualquer meio, eletrônico ou mecânico, inclusive fotocópias, gravações ou sistema de armazenamento em banco de dados, sem permissão por escrito, exceto nos casos de trechos curtos citados em resenhas críticas ou artigos de revista.

Caso esta publicação contenha *links* para sites de terceiros, não nos responsabilizamos por seu conteúdo, pois não nos apropriamos deles; apenas fizemos referência à sua localização no momento da primeira publicação.

A Editora Pensamento não se responsabiliza por eventuais mudanças ocorridas nos endereços convencionais ou eletrônicos citados neste livro.

Agradecemos aos participantes de nossos eventos, que, com suas experiências e observações, deram uma contribuição essencial à riqueza de interpretações simbólicas contidas neste livro. Além disso, agradecemos a todos os colegas, com os quais pudemos aprender muito, em especial Margarete Petersen, Luisa Francia, Rachel Pollack, Marion Guekos-Hollenstein, Judith Bärtschi, Hajo Banzhaf, Gerd B. Ziegler, Ernst Ott, Eckhard Graf, Jim Wanless, Klausbernd Vollmar e, sobretudo, Lilo Schwarz, que com sua obra *Im Dialog mit den Bildern des Tarot* [Dialogando com as Imagens do Tarô], de 2005, soube abrir o caminho para a análise dos detalhes simbólicos nas imagens do tarô de Waite e Smith. – E. B./J. F.

As informações e os aconselhamentos contidos neste livro foram cuidadosamente pesquisados e testados pelos autores. No entanto, não podem oferecer nenhuma garantia. Além disso, não foram concebidos para substituir o aconselhamento médico ou terapêutico, caso ele tenha sido indicado. Os autores e a editora estão isentos de qualquer responsabilidade.

Editor: Adilson Silva Ramachandra
Gerente editorial: Roseli de S. Ferraz
Gerente de produção editorial: Indiara Faria Kayo
Editoração eletrônica: Join Bureau
Revisão: Luciane Gomide

Dados Internacionais de Catalogação na Publicação (CIP)
(Câmara Brasileira do Livro, SP, Brasil)

Fiebig, Johannes
 A chave mestra do tarô Waite-Smith: um guia completo para estudo dos conceitos fundamentais, dos símbolos e interpretações / Johannes Fiebig, Evelin Bürger; tradução Karina Jannini. – 1. ed. – São Paulo: Editora Pensamento, 2023.

 Título original: Tarot basics waite: symbole, schlüsselbergriffe deutungen
 ISBN 978-85-315-2283-3

 1. Arcanos maiores (Tarô) 2. Arcanos menores (Tarô) 3. Esoterismo – Tarô 4. Tarô – Cartas I. Bürger, Evelin. II. Título.

23-149752
CDD-133.3

Índices para catálogo sistemático:
1. Tarô: Esoterismo 133.3
Eliane de Freitas Leite – Bibliotecária – CRB 8/8415

Direitos de tradução para a língua portuguesa adquiridos com exclusividade pela
EDITORA PENSAMENTO-CULTRIX LTDA., que se reserva a
propriedade literária desta tradução.
Rua Dr. Mário Vicente, 368 – 04270-000 – São Paulo – SP – Fone: (11) 2066-9000
http://www.editorapensamento.com.br
E-mail: atendimento@editorapensamento.com.br
Foi feito o depósito legal.

Sumário

Dez razões para este livro 7

A interpretação do tarô simplificada 8
    As dez melhores definições do tarô 8
    As dez informações mais importantes sobre o tarô 9
    As dez interpretações preferidas com UMA carta 11
    As dez tiragens mais bonitas 14
    As dez regras de interpretação mais importantes 18
    Dez dicas úteis de interpretação 22

Arcanos Maiores e Menores – visão geral 26
    Conceitos-chave sobre os 22 Arcanos Maiores 27
    Os dez significados mais importantes do naipe de Paus ... 27
    Os dez significados mais importantes do naipe de Copas.. 28
    Os dez significados mais importantes do naipe de Espadas 29
    Os dez significados mais importantes do naipe de Ouros 29

Símbolos e interpretações importantes 31
    Os Arcanos Maiores 32
    Paus 99
    Copas 141
    Espadas 183
    Ouros 225

Tarô e astrologia 266

Assim é que se faz 267

Dez livros escolhidos dos autores 271

Arcanos Maiores/trunfos

I – O Mago	33
II – A Sacerdotisa	36
III – A Imperatriz	39
IV – O Imperador	42
V – O Hierofante	45
VI – Os Enamorados	48
VII – O Carro	51
VIII – A Força	54
IX – O Eremita	57
X – A Roda da Fortuna	60
XI – A Justiça	63
XII – O Pendurado	66
XIII – A Morte	69
XIV – A Temperança	72
XV – O Diabo	75
XVI – A Torre	78
XVII – A Estrela	81
XVIII – A Lua	84
XIX – O Sol	87
XX – O Julgamento	90
XXI – O Mundo	93
0/XXII – O Louco	96

Paus

Rainha de Paus	99
Rei de Paus	102
Cavaleiro de Paus	105
Pajem/Valete de Paus	108
Ás de Paus	111
Dois de Paus	114
Três de Paus	117
Quatro de Paus	120
Cinco de Paus	123
Seis de Paus	126
Sete de Paus	129
Oito de Paus	132
Nove de Paus	135
Dez de Paus	138

Copas

Rainha de Copas	141
Rei de Copas	144
Cavaleiro de Copas	147
Pajem/Valete de Copas	150
Ás de Copas	153
Dois de Copas	156
Três de Copas	159
Quatro de Copas	162
Cinco de Copas	165
Seis de Copas	168
Sete de Copas	171
Oito de Copas	174
Nove de Copas	177
Dez de Copas	180

Espadas

Rainha de Espadas	183
Rei de Espadas	186
Cavaleiro de Espadas	189
Pajem/Valete de Espadas	192
Ás de Espadas	195
Dois de Espadas	198
Três de Espadas	201
Quatro de Espadas	204
Cinco de Espadas	207
Seis de Espadas	210
Sete de Espadas	213
Oito de Espadas	216
Nove de Espadas	219
Dez de Espadas	222

Ouros

Rainha de Ouros	225
Rei de Ouros	228
Cavaleiro de Ouros	231
Pajem/Valete de Ouros	234
Ás de Ouros	237
Dois de Ouros	240
Três de Ouros	243
Quatro de Ouros	246
Cinco de Ouros	249
Seis de Ouros	252
Sete de Ouros	255
Oito de Ouros	258
Nove de Ouros	261
Dez de Ouros	264

Dez razões para este livro

- Sempre nos pediam para escrevê-lo.
- Após algumas décadas escrevendo e conduzindo seminários sobre tarô, queríamos resumir (também para nós mesmos) os conhecimentos acumulados.
- Gostamos de escrever livros sobre tarô!
- A vida é curta demais para interpretações ruins.
- Nas cartas de Pamela Colman Smith e Arthur E. Waite, ainda há muitas coisas desconhecidas que podemos descobrir juntos.
- Não podemos dar palestras e seminários com a frequência que gostaríamos; por isso, com este livro, mais uma vez tentamos preencher as lacunas.
- Ainda há certo preconceito em relação a muitas cartas. Gostaríamos de encorajar as pessoas a observar melhor o conteúdo delas e a formar a própria opinião.
- Ao mesmo tempo, queremos incentivar as pessoas a também observar melhor no cotidiano quais significados podem estar por trás de um acontecimento aparentemente "apenas bom" ou "apenas ruim".
- Nunca fizemos um livro em "forma de lista". A perspectiva de resumir de maneira concisa os pontos importantes era atraente e aguçou nosso olhar para o essencial.
- É possível ocupar-se do tarô (ou de qualquer outra coisa) por vinte e cinco anos sem que ele se torne entediante. (Ao contrário, a "velhice" conta com alegrias que antes não eram conhecidas.) Também queremos falar a esse respeito.

Evelin Bürger & Johannes Fiebig

A interpretação do tarô simplificada

As dez melhores definições do tarô

"O tarô é uma simbologia que não conhece outras linguagens nem outros sinais."

(Arthur E. Waite)

"O tarô é uma das muitas escadas possíveis que levam à profundidade do indivíduo."

(Luisa Francia)

"Entre um intelecto hostil ao sonho e um disparate místico, o tarô fala de forma lúdica com a intuição."

(*Die Zeit*)

"O tarô poderia ser descrito como o livro ilustrado de Deus ou ser comparado a uma espécie de xadrez divino, no qual os Arcanos Maiores são movidos de acordo com suas próprias leis no tabuleiro dos quatro elementos."

(Lady Frieda Harris)

"O tarô é o pôquer espiritual."

(Mario Montano, vulgo Swami Prembodhi)

"O tarô é o yoga do Ocidente."

(Robert Wang e Hans-Dieter Leuenberger)

"O tarô é um bom servo, mas um mau senhor."

(Hajo Banzhaf)

"O tarô funciona porque as mensagens das imagens atuam na consciência, que, ao mesmo tempo, exerce sua influência na realidade da vida, reconhece uma vontade maior e se harmoniza com ela."

(Gerd B. Ziegler)

"O tarô é o construtor de pontes ideal: ao deitar as cartas, você lança uma ponte onde inicialmente não conseguia avançar. Os símbolos nas cartas lhe mostram novos caminhos, e você os experimenta. Depois, novas possibilidades também se abrem na vida real."

(Johannes Fiebig)

"Com orgulho e autoconfiança, o Velho Mundo deveria reconhecer que, com o tarô, ele produziu um sistema esotérico autônomo – uma escola da inteligência emocional, da sabedoria do coração e da alma, que não foi concebida nem pelos sacerdotes dos faraós, nem pelos escribas cabalistas, mas criada, por assim dizer, pelo inconsciente coletivo do Ocidente."

(Eckhard Graf)

As dez informações mais importantes sobre o tarô

1. O tarô é um baralho com **78 cartas**, que mostram uma estrutura peculiar: 22 Arcanos Maiores e 56 Arcanos Menores ("Mistérios"). Os Arcanos Menores se dividem em quatro naipes: Paus, Copas, Espadas e Ouros.
2. As cartas de tarô surgiram por volta de 1430, no Renascimento italiano, em **Milão e Bolonha**. Até hoje não se sabe quem pintou os primeiros exemplares. Em todo caso, não foi Bonifacio Bembo, que de vez em quando é mencionado. As cartas de jogo já existiam pelo menos oitocentos anos antes das cartas de tarô.
3. Com o tarô, pela primeira vez foram introduzidos trunfos no baralho. Durante muitos séculos, as cartas de tarô foram utilizadas como **jogo de salão** e "mero jogo de cartas".

4. Somente a partir de cerca de 1750 encontram-se indícios de uma **interpretação esotérica e simbólica** das cartas de tarô. O século XIX vive o apogeu do ocultismo clássico. Muitos grupos pequenos, geralmente de maneira independente, aprofundam-se na simbologia do tarô. No século XIX também prospera a leitura da sorte com cartas de todo tipo.
5. A difusão mundial da leitura de tarô, que levou ao sucesso atual, teve início nos **anos 1970** no mundo ocidental.
6. Desde essa época, foram incorporados **novos padrões**, que hoje são amplamente conhecidos: o primeiro deles é a grande **quantidade de baralhos de tarô disponíveis**. Nesse meio-tempo, foram criados mais de mil diferentes tipos de tarô. Atualmente são comercializadas muitas centenas deles.
7. Novo, mas igualmente conhecido, é o **grande número de formas de utilização** e tiragens. Existem filmes, óperas e romances com e sobre as cartas de tarô. Revistas e publicações apresentam as atuais técnicas de tiragem e as novidades sobre o tarô. No entanto, de modo geral, o principal interesse se concentra em dois pontos: o verdadeiro modo de deitar as cartas com uma interpretação mais abrangente (ver pp. 14 ss.) e a carta do dia.
8. A **carta do dia** é tirada de manhã ou à noite, normalmente sem uma pergunta específica. Ela mostra em uma imagem a situação, a tarefa e uma sugestão para o próximo passo.
9. O conhecimento dos **quatro elementos – fogo, água, ar e terra –** e sua relação com os quatro naipes – Paus, Copas, Espadas e Ouros – é uma das chaves para a moderna interpretação do tarô. Qualquer pessoa pode inteirar-se a respeito (ver pp. 27 s. e 98 ss.) e começar a interpretar por conta própria.
10. Atualmente, quase por toda parte as cartas são entendidas como um **espelho**. Isso não existia, nem mesmo parcialmente, no período do Renascimento nem no século XIX. Como um espelho, as cartas de tarô também sempre comunicam uma proposta de autoconhecimento. Além disso, não se pode olhar no espelho *pelos* outros (mas *com* os outros, sim).

As dez interpretações preferidas com UMA carta

1. **A carta do dia.** Representa um lema do dia: uma oportunidade ou tarefa para o dia, um "chamariz" especial, seu anjo da guarda cotidiano, seu acompanhante.
2. **A carta da semana.** Representa o tema para uma semana. Desse modo, uma estação do tarô, ou seja, determinada simbologia ou temática, é ampliada como através de uma lente de aumento para a semana em questão.
3. **A carta do mês.** Descreve em uma imagem a situação, a tarefa e os próximos passos para o mês. Uma carta do tarô em especial é destacada e submetida a uma pesquisa e uma avaliação acuradas. E você cresce com isso!
4. **A carta do ano.** Representa seu tema para um ano inteiro. Pode ser tirada no último dia do ano, no seu aniversário ou em qualquer outra ocasião. Na maioria das vezes, essa carta comunica, ao longo do ano, diferentes aspectos e impressões, o que reforça seu estímulo, pois, desse modo, os temas pessoais em questão também se tornarão muito mais claros.

Para uma abordagem prática

- Pense na pergunta que quer fazer ao tarô. Reserve um tempo, sente-se ou posicione-se confortavelmente, de modo ereto, respire fundo e ouça seu interior. Em seguida, formule a pergunta que é importante para você, da maneira mais clara possível.
- Ao tirar uma carta para um dia, um mês ou outro período, você pode abrir mão de uma pergunta especial e querer saber: "O que o tarô tem a me dizer sobre hoje/o próximo mês etc.?".
- Embaralhe as 78 cartas, tal como você está habituado a fazer.
- Mantenha as figuras encobertas, ou seja, viradas para baixo.
- Em seguida, de maneira relaxada e concentrada, tire o número necessário de cartas, uma após a outra, tal como está acostumado a fazer, e escolha inicialmente uma carta.
- Coloque a carta à sua frente, virada para baixo (no caso de várias cartas: na sequência da configuração da tiragem).
- As cartas só devem ser desviradas uma a uma.
- (No caso de várias cartas: todas as cartas juntas lhe mostrarão a resposta do tarô à sua pergunta.)

5. **A carta do projeto.** Seu significado corresponde às cartas anteriores, só que ela não se refere à semana nem ao mês, e sim à duração de determinado projeto.
6. **A carta preferida.** Essa carta não é tirada, mas escolhida. Que carta você prefere? Qual é a sua preferida no momento? 
7. **A carta da personalidade.** Some os algarismos da sua data de nascimento. Por exemplo, 03/09/1968 dá o seguinte resultado: 3 + 9 + 1 + 9 + 6 + 8 = 36. Se a soma der um número entre 1 e 21, o Arcano Maior do seu baralho que tiver o mesmo número é a carta que corresponde à personalidade. (Os *Arcanos Maiores* são as cartas que trazem um número *e* uma legenda.) Se a soma dos algarismos for, por exemplo, igual a 19, a carta da personalidade correspondente será *XIX – O Sol*.

Se o resultado da soma for 22, a carta da personalidade será o *22º Arcano Maior*, ou seja, *O Louco*, que traz o número *0*. No entanto, se o resultado for igual ou maior que 23, como no exemplo acima, então você terá de somar novamente os algarismos. Por exemplo, somados os algarismos do número 36, tem-se 3 + 6 = 9. O Arcano Maior de mesmo número é a carta da personalidade correspondente; nesse caso, *IX – O Eremita*.

8. **A carta da essência.** Se a soma dos algarismos da data de nascimento der um número maior que 9, somam-se novamente os algarismos desse resultado e obtém-se a carta da essência (por exemplo: se a carta da personalidade for a de número 14, a soma desses algarismos dará 5, o que corresponde à carta *V – O Papa*, que será a carta da essência ou o núcleo). Se a carta da personalidade for menor que 10, ela e a carta da essência coincidirão. Nesse caso, pode-se incluir como complemento uma carta dos Arcanos Maiores, cujos algarismos somados deem o mesmo resultado. Exemplo: a carta da personalidade é *VII – O Carro*. Portanto, *VII – O Carro* também é a carta da essência. Nesse caso, *XVI – A Torre* é o complemento pessoal, pois a soma dos algarismos de *VII* e *XVI* tem o mesmo resultado.

De modo geral, a carta da essência deve ser considerada, preferencialmente, de maneira lúdica. A carta da personalidade é e continua sendo decisiva, pois descreve algo característico sobre a respectiva data de nascimento. A carta da essência e a carta com a mesma soma de algarismos são, cada uma, um complemento à carta da personalidade.

9. **A carta da conclusão.** Para muitos intérpretes, o *Louco* é não apenas a carta inicial, mas também o 22º Arcano Maior, ou seja, *a* carta da totalidade e da grande conclusão. Na maioria das vezes, surge uma carta como *diferença* entre a sua carta da personalidade e o *Louco* (por exemplo: a carta da personalidade é a 14, a diferença para o *Louco* é 22 – 14 = 8; portanto, o Arcano Maior de número VIII é sua *carta da conclusão*. Ela designa o restante do caminho a ser percorrido, para que você possa completar sua personalidade).

10. **Soma dos algarismos ou quintessência.** De acordo com o mesmo método de cálculo utilizado com a carta da personalidade (ver número 7), podem-se somar os algarismos das cartas expostas após a conclusão de cada interpretação.

    Os algarismos de todas as cartas viradas para cima são somados (cartas da corte, como Rainha, Cavaleiro etc., bem como *O Louco* contam como 0, e os ases contam como 1). Com o resultado obtido, você procederá tal como descrito acima para a carta da personalidade. O Arcano Maior, cujos algarismos correspondem à soma obtida, é a *carta da soma dos algarismos* ou *quintessência*.

    Essa carta tem o seguinte significado: a interpretação em si é e permanece completa; nada de novo se acrescenta à soma dos algarismos. A carta da soma representa um resumo da interpretação, como um título, mas às vezes também como uma carta de controle, uma contraprova, que convida a olhar novamente para a interpretação em questão.

As dez tiragens mais bonitas

1. **"Três cartas do dia"**

   1 – Situação
   2 – Tarefa
   3 – Solução

2. **"Jogo do oráculo"**

   1 – O problema atual
   2 – O caminho para sair dele
   3 – O futuro, caso você esteja pronto, para trilhar esse caminho

3. **"Olhando para o futuro – I"**

   1 – Situação atual
   2 – O passado ou o que já está acontecendo
   3 – O futuro ou o que deve ser reconsiderado

4. **"Olhando para o futuro – II"**

   1 – Chave ou principal aspecto
   2 – O passado ou o que já está acontecendo
   3 – O futuro ou o que deve ser reconsiderado
   4 – Raiz ou base
   5 – Coroa, oportunidade, tendência

5. "Assim continua"

1 – Você já conhece/tem isso
2 – Você já domina isso
3 – Isso é novo
4 – Isso é algo a mais que você está aprendendo

6. "A estrela"

1 – Onde você está
2 – Suas tarefas
3 – Suas dificuldades ou reservas
4 – Seus pontos fortes
5 – Seu objetivo/o resultado

7. "Coragem para deixar algumas coisas de lado"

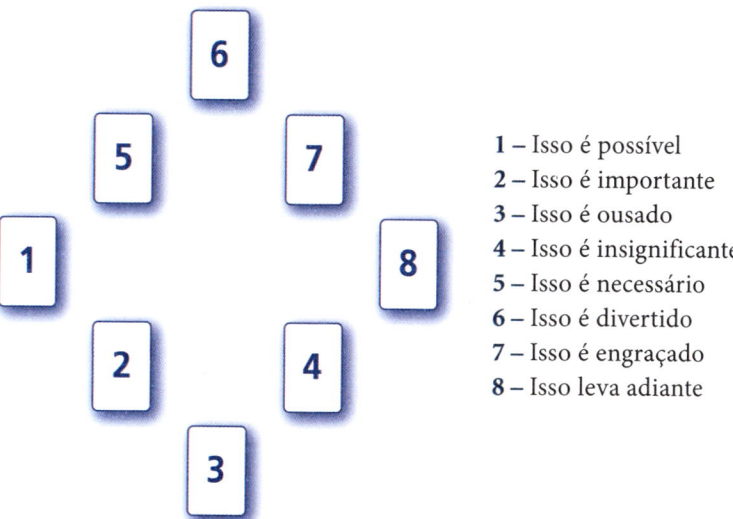

1 – Isso é possível
2 – Isso é importante
3 – Isso é ousado
4 – Isso é insignificante
5 – Isso é necessário
6 – Isso é divertido
7 – Isso é engraçado
8 – Isso leva adiante

8. "O caminho"

1 – É disso que se trata. Esses são os riscos e as oportunidades relacionados à pergunta.

Coluna da esquerda = comportamento até o momento:

2 – Atitude consciente, pensamentos, argumentos, ideias, intenções e comportamentos que o consulente traz "na cabeça". O comportamento racional.

3 – Atitude inconsciente, desejos e anseios que o consulente traz "no coração". Esperança e medo. O comportamento emocional.

4 – Atitude externa. O comportamento do consulente e, eventualmente, sua aparência.

Coluna da direita = sugestão para o futuro comportamento: os significados correspondem aos campos 2 a 4.

7 – Atitude consciente. Sugestão para o modo racional de proceder.
6 – Atitude inconsciente. Sugestão para o comportamento emocional.
5 – Atitude externa. O consulente deve se comportar desse modo.

© Hajo Banzhaf, *Das Arbeitsbuch zum Tarot*
[Livro de Exercícios sobre o Tarô], Munique, 1989.

9. "O caminho dos desejos"

1 – Situação momentânea
2 – Objetivo desejado
3, 4, 5 – Ponte de 1 para 2

Nessa interpretação, as cartas não são tiradas, mas escolhidas. Primeiro, escolha com calma e concentração uma imagem para a situação momentânea. Depois, encontre outra para o que deve ser, ou seja, para o que você deseja. Não tenha pressa em fazê-lo. Em seguida, escolha mais três cartas, que podem servir como elemento de ligação ou ponte para alcançar o objetivo desejado a partir da situação atual. Por fim, observe todas as cartas como um caminho e uma história.

10. "Cruz celta" (variante)

1 – Tema da pergunta – você mesmo
2 – Complementação positiva a 1
3 – Complementação negativa a 1
4 – Raiz, base, suporte
5 – Coroa, oportunidade, tendência
6 – O passado ou o que já está acontecendo
7 – O futuro ou o que deve ser reconsiderado
8 – Resumo das posições 1 a 7; sua força interna, seu inconsciente
9 – Esperanças e medos
10 – Ambiente e influências externas; sua função externa
11, (12, 13 – se desejado, tirar de uma a três cartas para essa posição) – Resumo ou um fator em especial que chama sua atenção, já existe e se tornará muito importante para a sua pergunta

As dez regras de interpretação mais importantes

1. **As cartas são um espelho.**

    As cartas são como um espelho na parede: elas ajudam a nos vermos e nos entendermos melhor. Contudo, não existe uma garantia de que o reconhecimento será correto. Em casa, quando nos colocamos na frente do espelho e dizemos: "Sou o (ou a) maior, mais bonito/a etc." – ou "Sou o (ou a) mais idiota, feio/a etc." –, na pior das hipóteses, passaremos a vida tendo razão! Não existe nenhuma garantia de que o espelho falará com você e corrigirá automaticamente seu ponto de vista um tanto unilateral. No entanto, na interpretação do tarô deparamos com uma ferramenta comprovada, que nos ajuda a *notar* percepções parciais e arbitrárias! Essa "ferramenta" tem como fundamento as regras apresentadas a seguir. As cartas de tarô nos permitem treinar com eficácia muitos tipos da ampliação da perspectiva. Se as adotarmos no dia a dia, nelas também descobriremos novas soluções.

2. **Toda carta tem significados positivos e negativos.**

    Essa é a principal regra para aprofundar-se em toda a diversidade de símbolos. Os autores ainda não encontraram ninguém (fechado em si mesmo) que tenha conseguido ver, por si mesmo, todas as 78 imagens de maneira positiva e negativa. Isso pressupõe, inicialmente, um processo de experiência – com o tarô e consigo mesmo – que leva algum tempo.

3. **Basear-se em elementos reais.**

    Com algumas cartas, nossa imaginação logo ganha asas. Tememos, por exemplo, que o Louco caia do penhasco. De fato, essa é uma ideia ou concepção que, não necessariamente, se baseia em elementos presentes na imagem. Sempre será uma especulação se o Louco cairá do penhasco, sairá invertido, será outra rocha abaixo do penhasco ou qualquer outra coisa. A carta não nos permite reconhecer essas possibilidades nem fazer delas um tema pertinente.

Uma interpretação é plausível quando é coerente em si e fornece ao observador um sentido que ele possa nomear – desde que a interpretação pessoal se baseie em elementos reais da imagem.

4. **Trabalhar com o nível do sujeito e o nível do objeto.**
Esses conceitos foram desenvolvidos pelo psicólogo suíço C. G. Jung para a interpretação dos sonhos. No "nível do objeto" estão as figuras e cenas do sonho (ou, nesse caso, de uma imagem de tarô) para outras pessoas e acontecimentos externos. No "nível do sujeito", essas mesmas figuras e cenas são reflexos e facetas da própria pessoa e de acontecimentos internos.

Uma briga ou discussão no sonho ou em uma imagem de tarô pode servir para assimilar ou preparar uma briga real com outras pessoas concretas. No entanto, o mesmo sonho ou a mesma imagem de tarô também pode indicar uma discussão interna.

A situação definirá se será o nível do sujeito ou o do objeto a receber destaque. Na dúvida, é preciso levar as duas possibilidades em consideração.

5. **Reconhecer e classificar as associações.**
A "hermenêutica" das cartas de tarô existe há dois séculos. Nesse período, alguns padrões gerais foram introduzidos, sobretudo a associação dos quatro naipes aos quatro elementos. As cartas de Copas representam o elemento Água, que, por sua vez, representa a alma e a psique com todos os seus aspectos.

Aparentemente, temas totalmente diferentes ocorrem à associação pessoal, por exemplo com a imagem do *Quatro de Copas*: "Como foram boas as últimas férias!", "Já está na hora de sair de novo" ou "Esse personagem com os braços cruzados é irritante – parece meu marido/meu filho/meu colega etc., que não quer saber de mim...".

Essas associações pessoais fazem parte da leitura de cartas; elas dão cor à observação das imagens e a tornam mais concretas. Contudo, com ideias e associações pessoais, corremos o risco de andar em círculos na interpretação do tarô e apenas repetir o que, de todo modo, já pensamos. Por isso, é importante conhecer e separar os dois níveis da interpretação, ou seja, as associações pessoais e os padrões de interpretação.

Assim, também no cotidiano surgirão novos pontos de vista. Para permanecer nesse exemplo, reconheceremos que não precisamos de umas férias quaisquer, mas daquela em que podemos relaxar e ter tempo para refletir. Ou então veremos que o marido/o filho/o colega, que no momento se mostra fechado como o personagem da carta, está totalmente ocupado em trabalhar determinados processos psíquicos. Ou ainda que, em razão dessa reserva, esse é o momento de você iniciar uma fase de reflexão ou tirar umas férias para retomar o contato com suas próprias raízes psíquicas.

6. **Toda carta representa um encorajamento e uma advertência.**
Uma carta como o *Dois de Copas* encoraja a dividir e compartilhar as próprias emoções. Ao mesmo tempo, ela alerta para a falta de empenho (emoções atenuadas). Não necessariamente o encorajamento e a advertência se excluem um ao outro; ao contrário, podem complementar-se.

E isso vale para qualquer carta: a *Torre* incentiva o indivíduo a se abrir e relaxar. Além disso, chama a atenção para a falta de firmeza ou de altivez ("A altivez precede a queda!"). O *Dez de Paus* alerta para a arrogância e o esforço exagerado; essa carta encoraja o indivíduo a se empenhar de corpo e alma e, de maneira metafórica, a seguir suas propensões.

7. **Trata-se de símbolos: nem tudo o que brilha é ouro!**
O naipe de *Ouros* trata de dinheiro, mas também de matéria, corpo e, de modo geral, das impressões que tivemos e que nós próprios causamos.

O *Sol* não está, necessariamente, relacionado ao clima! Ele também é um símbolo da consciência, do pai ou de Deus, um sinal da luz, do dia e de muitas outras coisas.

De acordo com a concepção geral, as *Espadas* (também) descrevem as armas do espírito. Portanto, uma carta como o *Seis de Espadas* trata menos de uma viagem concreta de barco ou de uma mudança – embora a figura permita esse tipo de associação –, e mais de um movimento espiritual, de uma mudança de pensamento ou mental, da ligação *consciente* de margens diferentes ou da busca por essa ligação.

8. **Observe com calma, sem avaliar de imediato.**
Essa imparcialidade pode ser treinada, de preferência, com a *carta do dia*, a ser tirada, se possível, regularmente. Embora nosso desejo seja receber rapidamente do tarô uma resposta clara para nossas perguntas atuais – e justamente pelo fato de ser assim –, vale a pena ter paciência e olhar primeiro, sem avaliar, o que a carta tirada nos diz.

De resto, talvez esta seja a diferença mais importante entre os iniciantes e os profissionais do tarô: o iniciante pensa que o mais importante é a carta que se *tira*. O profissional sabe que, tão importante quanto a carta tirada, é o modo como ela é *vista*!

Quanto mais nos aprofundarmos na imagem, talvez adotando a postura do personagem ou revendo diferentes perspectivas, tanto mais proveitosa e, muitas vezes, também inesperada será a solução final oferecida pelas cartas.

9. **Uma interpretação só se conclui quando tem consequências práticas.**
Tiramos o máximo proveito da tiragem quando buscamos não apenas visões teóricas, mas também consequências práticas. Pelos resultados práticos reconhecemos se uma interpretação está correta no sentido pessoal.

10. **A magia do momento.**
Vivenciamos duplamente a magia do momento ao deitar as cartas: como magia do olhar e do jogo, com opiniões e perspectivas. E, em segundo lugar, como magia do tempo, como trabalho com a qualidade do tempo, com a magia do momento.

Para desfrutar dessa magia, a cada tiragem é recomendável desprender-se dos julgamentos feitos até então. É claro que podemos trazer e considerar nossos conhecimentos prévios, mas também devemos dar a toda carta e a toda interpretação a oportunidade de serem observadas de maneira aberta e imparcial, como se fossem nossa primeira carta de tarô.

Dez dicas úteis de interpretação

1. **A parte posterior esconde "surpresas".**
   Muitas cartas mostram personagens com importantes atributos atrás de si. As costas são o local da sombra, invisível, imperceptível como o ponto fraco entre as escápulas do herói Siegfried.* Só compreendemos por completo o conteúdo dessas cartas quando reconhecemos que talvez o personagem tenha um problema justamente com o que está na imagem: vemos o que está atrás dele, mas é provável que o personagem em si ainda não tenha considerado nem percebido isso.

2. ***Pars pro toto*** **(A parte pelo todo).**
   O pequeno caramujo na imagem do *Nove de Ouros* ou o número diferente de pássaros nas cartas da corte do naipe de Espadas: esses detalhes têm significados (positivos e negativos), que, ao mesmo tempo, são característicos de toda a carta em questão.

3. **As cores mostram muitas coisas.**
   Branco: estado inicial (como uma folha em branco) ou conclusão e cura; ofuscamento, vazio ou território espiritual desconhecido.
   Cinza: estado inconsciente ("sombra", no sentido psicológico) ou indiferença consciente, isto é, equivalência ou imparcialidade.
   Preto: o desconhecido, o interior da terra ou de uma situação, caixa-preta, sombra visível, escuridão da alma ou território psíquico desconhecido.
   Vermelho: coração e sangue, temperamento, vontade, amor, paixão, ira, raiva.
   Amarelo: consciência, alegria de viver; inveja, dissonância espiritual ("excentricidade").
   Dourado: sol, consciência, eternidade; inveja, cobiça, deslumbramento, ostentação.
   Laranja: vitalidade, calor, mistura do vermelho com o amarelo, arbitrariedade.

---

* Referência ao herói da *Canção dos Nibelungos*, que foi morto ao ser atingido nas costas, seu ponto fraco. (N. da T.)

Azul: frieza, distanciamento emocional, saudade, melancolia, sentimento, êxtase.
Azul-claro: ar, céu (aberto); água (clara); espiritualidade; ingenuidade, adoração.
Verde: cheio de vida, jovem, promissor, inexperiente, imaturo.
Verde-escuro: ligado à natureza, vegetativo, demorado, duradouro.
Bege: o corpo humano, corporeidade.
Marrom: ligado à terra, arraigado, ancorado, natural.
Violeta: experiência-limite; mistura de azul e vermelho.

Essas breves descrições reproduzem padrões essenciais dos significados das cores no espaço cultural ocidental*. Com elas, é possível fazer uma interpretação confiável.

4. **A cor do céu tem muito a contar.**
Ao observar o significado da cor do céu em uma carta, você obterá uma pista simples, mas importante, para a interpretação da carta.

5. **Não há o que interpretar nos números.**
Com os números, é possível jogar e calcular. Contudo, de modo geral, eles não dispõem de um significado no que se refere ao *conteúdo*. Não se pode dizer, pretendendo seriedade e alguma validade, que "5 significa crise" e "6 significa harmonia".

Obviamente, eles podem ter um significado simbólico. Por exemplo, os números "4711", "1968" ou "9/11" estão associados a determinadas histórias.

Além disso, o 1 pode representar unicidade, mas também unidade, união, uniformidade e muitos outros conceitos em que o termo "um" está embutido. O 2 encontra-se em termos como "dubiedade" ou "duplo". No entanto, não se podem esquecer os devidos provérbios que expressam uma complementação e um reforço com o 2: "Dois bicudos não se beijam", "dois olhos enxergam mais que um só", "duas vezes é perdido o que ao ingrato é concedido".

Alguns números permitem jogos de palavras, como o 3 e a palavra "tresnoitar", ou o 100 e a homofonia com "sem" (*cem* palavras/

---

* Ver Klausbernd Vollmar: *Das große Handbuch der Farben*. Edição revista e ampliada. Königsfurt-Urania, 2009.

sem palavras). Entretanto, não dispõem de conteúdos universais e definidos. Quando o autor de um livro de interpretação escreve: "O caráter de crise do 5 se mostra na figura pelo fato de que...", ele está atribuindo ao número 5 sua visão pessoal da carta, que, para ele, retrata uma crise. Contudo, como tal, o 5 nada tem a ver com isso nem está absolutamente vinculado ao tema "crise". Se assim fosse, então os cinco dedos da mão também poderiam representar um punho forte ou o grande tema da quintessência (literalmente, a quinta essência, a quinta força).

Em geral, apenas o valor da função é confiável para a interpretação do tarô, por exemplo: 2 + 3 = 5. Dele resultam exercícios muito interessantes para quem já é avançado no tarô[*].

6. As proporções dizem muito.

No *Quatro de Paus*, os personagens são bem menores do que nas outras imagens e não recebem a devida atenção, ou então têm um tamanho normal e se apresentam diminutos, a fim de ressaltar o tamanho dos bastões ou paus, que parecem gigantescos em comparação a eles. Esse tipo de relação se aplica a muitas outras cartas.

7. Pontos cegos são portões para novas perspectivas.

Se você só consegue ver aspectos positivos ou negativos em uma carta, apesar dos esforços em contrário, saiba que descobriu um ponto cego em seu modo de enxergar. Ou se, de modo geral, você está satisfeito com um baralho de tarô, mas com determinada carta tem a impressão de que o ilustrador "desenhou mal", é bem provável que, também nesse caso, esse seja um indício de ponto cego no efeito óptico.

Fique feliz: quase sempre esse ponto cego surge não por meio das cartas de tarô; ele também aparece em outras situações do cotidiano, relacionadas ao tema em questão. As imagens do tarô apenas o tornam visível. Portanto, não tenha pressa em elucidar aos poucos esses pontos cegos. Você será recompensado com novas perspectivas!

---

[*] Esses exercícios podem ser encontrados em: Johannes Fiebig / R. A. Gilbert / Mary K. Greer / Rachel Pollack: *Das Tarot von Waite und Smith*. TASCHEN Verlag 2022, pp. 407 ss., p. 424.

8. **A ausência de personagens nos diz alguma coisa.**

    Algumas cartas do tarô Waite-Smith, como o *Oito de Paus*, não mostram figuras humanas. Essa é sempre uma advertência sobre a perda de si mesmo. E sempre um encorajamento para ampliar a consciência ao lidar com processos que são maiores do que a própria pessoa.

9. **Todo símbolo individual tem duplo sentido.**

    Um lobo (como na carta *A Lua*) pode ser um lobo mau, símbolo da cobiça e do ato de ser devorado e subjugado (como o "Lobo Mau" dos Irmãos Grimm), mas também um sinal de instintos protetores e forças primordiais (como na coletânea de mitos *Mulheres que Correm com os Lobos*). Isso acontece em cada detalhe de cada carta.

    Desse modo, mesmo após vários anos, a leitura do tarô não se torna entediante, pois sempre se descobrem novos significados nas cartas e em seus símbolos.

10. **As cartas da corte representam personalidades desenvolvidas.**

    Quando nos ocupamos dos quatro naipes (ver pp. 27 s.) e entendemos as cartas da corte (Rainha, Rei, Cavaleiro e Pajem/Valete) como personalidades, que nos aproximam desses quatro elementos, rapidamente conseguimos fazer uma interpretação por conta própria. Toda carta da corte representa um tipo ideal, uma pessoa capaz de lidar de maneira autoconfiante, como uma majestade, com o elemento em questão. Ao mesmo tempo, os quatro tipos de cartas da corte mostram diferentes nuances e características:

    A Rainha: intuitiva, iniciante, investigativa (tipo água);

    O Rei: minucioso, intensivo, consolidante (tipo fogo);

    O Cavaleiro: aumenta, amplia e tira conclusões (tipo ar);

    O Pajem/Valete: faz algo concreto a partir do elemento em questão ou com ele (tipo terra).

Arcanos Maiores e Menores – visão geral

Os quatro naipes – Paus, Copas, Espadas e Ouros – compõem 56 cartas que, juntas, são chamadas de *Arcanos Menores* (arcano = mistério). O quinto grupo é formado pelos 22 *Arcanos Maiores*, os "grandes mistérios" ou as grandes estações do tarô. No baralho de Waite-Smith, essas 22 lâminas se distinguem apenas por trazerem um número na parte superior e uma legenda na inferior.

Conceitos-chave sobre os 22 Arcanos Maiores

- **I – O Mago:** existência própria. Capacidades e possibilidades.
- **II – A Sacerdotisa:** voz interior, opinião própria, o sentido do que é seu.
- **III – A Imperatriz:** natureza (também: naturalidade, evidência, espontaneidade), fertilidade, experiências como mulher/com mulheres.
- **IV – O Imperador:** autodeterminação, autocontrole, pioneiro, experiências como homem/com homens.
- **V – O Hierofante:** o sagrado nas coisas da vida cotidiana.
- **VI – Os Enamorados:** paraíso – perdido e reencontrado.
- **VII – O Carro:** arriscar um caminho – "O caminho é o objetivo".
- **VIII – A Força:** impetuosidade e sabedoria. Aceitar-se por inteiro.
- **IX – O Eremita:** organizar a própria vida, "limpá-la".
- **X – A Roda da Fortuna:** controle da transformação interna e externa.
- **XI – A Justiça:** reconhecimento do outro. As verdadeiras necessidades.
- **XII – O Pendurado:** paixão. A emoção suprema.
- **XIII – A Morte:** soltar e colher.
- **XIV – A Temperança:** missões e projeto de vida. Soluções.
- **XV – O Diabo:** instituir tabus necessários. Romper falsos tabus.
- **XVI – A Torre:** destruição, libertação, queima de fogos, alta energia.
- **XVII – A Estrela:** alma das estrelas, participação pessoal na criação.
- **XVIII – A Lua:** retorno do reprimido. Redenção.
- **XIX – O Sol:** lugar ao sol, consciência.
- **XX – O Julgamento:** o dia do Juízo Final é hoje. Anulação, transformação.
- **XXI – O Mundo:** no auge do tempo, o poder do tempo, o instante, concretização.
- **0/XXII – O Louco:** ingenuidade ou conclusão, o absoluto.

Os dez significados mais importantes do naipe de Paus

Elemento: fogo.
Significado fundamental: impulsos e ações.
Mensagem concreta: "Algo precisa acontecer!"

Aplicação prática: mover(-se), deixar(-se) mover.
Conceito-chave: a vontade.
Função psíquica (de acordo com C. G. Jung): intuir (intuição, compreensão momentânea e holística; união de visão e ação).
O caminho do naipe de Paus: purificação, purgatório, fênix renascida das cinzas.
O objetivo do naipe de Paus: arder! Nunca perder o entusiasmo, transmitir a "verdadeira vontade", dar-se por inteiro e, assim, recuperar as energias consumidas.
Associações: símbolo do falo, vassoura de bruxa, raiz (também: antepassados), rebento (também: descendentes), ramo, cajado, bengala, pau.
Lemas: "No começo, era a ação." – "Não existe nada bom, a menos que seja feito." – "Como posso saber o que quero antes de ver o que faço?"

Os dez significados mais importantes do naipe de Copas

Elemento: água.
Significado fundamental: emoções, anseio, fé.
Mensagem concreta: "O importante é a postura interna!"
Aplicação prática: deixar fluir; receber algo ou permitir que os outros o recebam.
Conceito-chave: a alma.
Função psíquica (de acordo com C. G. Jung): sentir.
O caminho do naipe de Copas: batismo, morte (da alma) e renascimento.
O objetivo do naipe de Copas: fluir! Dar suporte à água, dar expressão às emoções! A taça ou a margem é o limite que leva o rio a fluir.
Associações: o seio feminino, o Graal, taças, "ter os parafusos no lugar", banheira, piscina; mar, ducha, bebida etc.
Lemas: "A água é a fonte de toda vida." – "E como não compreendes/ estas palavras: 'Morre e transforma-te!'/És apenas um triste hóspede/nesta terra sombria."* – "Tudo flui, e o que é duro sucumbe".

---

* Versos do poema "Stirb und werde!" (Morre e Transforma-te!), de Johann Wolfgang von Goethe. (N. da T.)

Os dez significados mais importantes do naipe de Espadas

Elemento: ar.
Significado fundamental: as armas do espírito.
Mensagem concreta: "Isso precisa ser esclarecido!"
Aplicação prática: assimilar algo espiritualmente, compreendê-lo e avaliá-lo.
Conceito-chave: o espírito.
Função psíquica (de acordo com C. G. Jung): pensar.
O caminho do naipe de Espadas: aprender com as experiências.
O objetivo do naipe de Espadas: tornar leve o que é pesado.
Associações: cavaleiro, cavalaria, emancipação. Justiça com a balança e a espada.
Lemas: "O pensamento é um dos maiores prazeres da raça humana." – "Conhecimento sem consciência é conhecimento pela metade" – "Quem já reconheceu sua situação, como poderá ser detido?"*

Os dez significados mais importantes do naipe de Ouros

Elemento: terra.
Significado fundamental: talentos (tanto moedas quanto aptidões/tarefas).
Mensagem concreta: "O importante é o resultado!"
Aplicação prática: aceitar determinados resultados ou descartá-los e produzir novos.
Conceito-chave: o corpo/a matéria.
Função psíquica (de acordo com C. G. Jung): percepção (sensorial).
O caminho do naipe de Ouros: multiplicação dos talentos e do fruto do trabalho.
O objetivo do naipe de Ouros: prosperidade e bem-estar.
Associações: táler (antiga moeda alemã), dólar, os dois lados da medalha, as impressões que sofremos e causamos. Os vestígios que encontramos e os que deixamos.
Lemas: "Somente o que é fecundo é verdadeiro." – "Ter um talento e não fazer uso dele é o mesmo que usá-lo indevidamente." – "Herdamos a terra de nossos pais e a tomamos emprestada de nossos filhos!"

---

* Verso do poema "Lob der Dialektik" (Elogio da Dialética), de Bertolt Brecht. (N. da T.)

Símbolos e interpretações importantes

Os dez símbolos mais importantes

Varinha mágica – ❶

Uma varinha – duas extremidades: Um se divide em dois, e dois polos se tornam um. Por si só, a varinha mágica é uma alegoria para mostrar que podemos desfazer e reconectar as coisas. Além disso: I (eu), individualidade, unicidade.

Manto vermelho – ❷

Energia, paixão, vontade, entusiasmo (amor, mas também vingança, raiva). **Aspectos positivos:** viver por objetivos pertinentes e por desejos profundos. **Aspectos negativos:** motivações vulgares, egoísmo; apenas a própria vontade conta.

Túnica branca – ❸

Como uma luz branca, na qual todas as cores do arco-íris se juntam. Recomeço e conclusão. **Aspectos positivos:** ausência de intenção, inocência, abertura. **Aspectos negativos:** falta de noção, eterno recomeço.

Bastão, espada, taça e moeda

Dote, dádivas da vida, missões a serem superadas – as **"ferramentas mágicas":** vontade, intelecto, emoções, corporeidade.

Mesa com marcações – ❹

Bancada de trabalho, realidade, mesa de sacrifício. **O nível de conhecimento até o momento, que serve de base para o indivíduo:** a herança do passado, enigmas e soluções transmitidos, problemas existentes e tesouros escondidos.

Rosas e lírios

Mais uma vez, o tema do vermelho e do branco (ver vestimenta). **O roseiral – aspectos positivos:** promessa de felicidade e de êxito, transformação da terra em jardim. **Aspectos negativos:** achar que tem certos direitos; isolamento; solidão.

Oito na horizontal/lemniscata – ❺

Montanha-russa. **Aspectos positivos:** infinitude, equilíbrio, moto contínuo, boa vibração, vivacidade, participação na eternidade. **Aspectos negativos:** girar em círculos, inquietação, repetição sem crescimento.

Gesto dos braços – ❻

"O que está em cima é como o que está embaixo." O indivíduo como elo entre céu e terra. O ser humano como "canal" (*channel*). Ligação entre possibilidade e realidade. Conciliar pensamento e ação.

Cinto de serpente – ❼

Como o oito na horizontal, um símbolo da infinitude, mas também da "repetição sem fim". Símbolo da mudança de pele, da renovação sempre necessária. **Mas também:** veneno, tentação, manipulação.

Fundo amarelo

Sol, mas também busca de sentido e inveja, ouro e cobiça. **Perigo:** aproximar-se demais do Sol pode causar encantamento (ofuscamento). **Aspectos positivos:** iluminação também dos reversos = consciência confiável.

I – O Mago

A carta da unicidade e da singularidade. Você também pode encantar e presenciará milagres. Todo ser humano tem algo especial e uma participação própria e única na eternidade. Desse modo, você também transformará em realidade coisas que ninguém conseguiu fazer.

"Faça a diferença! Seja único e desobediente!"

■ **Significado básico**

Atualmente, a magia tem um significado pessoal surpreendente: não se trata de requisitos, tampouco de truques ou atos voluntários. Em uma trajetória *autossuficiente*, temos experiências que ainda não foram "captadas por nenhum olhar", e sempre encontramos ou descobrimos soluções surpreendentes. Esse tipo de magia é inconfundível, mas não sobrenatural. Está sempre à nossa disposição; cresce e prospera com a concepção bem-sucedida das possibilidades pessoais.

■ **Experiência espiritual**

Tornar-se uno consigo mesmo, com Deus e com o mundo: o universo ama e precisa de você!

■ **Como carta do dia**

Amplie seu horizonte! Aproveite todas as oportunidades!

■ **Como prognóstico/tendência**

Enquanto o próprio caminho não for percorrido, algumas coisas parecerão "enfeitiçadas". Coloque sua pessoa em jogo – analise suas aptidões e suas tarefas.

■ **Para o amor e o relacionamento**

Com Deus e amor, nada é impossível! Com coerência e criatividade, você transformará seu mundo em um roseiral!

■ **Para o sucesso e a felicidade na vida**

"Mais ideias por cavalo-vapor": ninguém pode lhe mostrar suas chances pessoais nem as tirar de você.

Os dez símbolos mais importantes

As colunas B e J – ❶

De acordo com a lenda, são as colunas do antigo templo de Jerusalém: B para Boaz e J para Jaquim, que teriam um sentido próximo ao do *yin* e *yang*. Também são as iniciais de Belzebu e Javé.

O véu

Delimita o campo do que é próprio ao indivíduo em relação ao grande fluxo; é permeável à conexão reversa. **A alma se assemelha a uma tela interna, na qual as emoções e as experiências se mostram em imagens e sonhos.**

Palmeiras/romãs – ❷

Por um lado, delimitar o que é próprio ao indivíduo e, por outro, abrir; separar por B e J = fecundidade da vida psíquica, representada pelas palmeiras e romãs, que também são símbolos sexuais. Contudo, aparecem atrás da Sacerdotisa.

A coroa da Lua – ❸

A coroa das três fases da lua ou de Ísis, referente à deusa-mãe egípcia Ísis, aparece em muitas representações da Virgem Maria. **As três fases visíveis da lua, as três etapas da vida da Virgem, mulher e anciã.**

Chifres de touro/quarto crescente – ❹

A lua astrológica é elevada no signo de Touro (com especial intensidade). **A época do matriarcado =** História Antiga, Era de Touro. **Lua hoje:** noite, o que é próprio do indivíduo, o anímico, o inconsciente.

O rolo de pergaminho – ❺

As quatro letras levam a pensar na Torá e no anagrama "tarot" (ver *X – A Roda da Fortuna*). **Hoje:** o roteiro, o planejamento pessoal para uma boa vida.

A cruz – ❻

Religião e espiritualidade. A alma une as impressões da vida cotidiana no coração e no peito e as separa. Aqui surgem a opinião pessoal e os valores internos.

O oceano

As emoções oceânicas, **o que há "a mais" na vida**, o ciclo hidrológico, maré alta e baixa. O personagem tem uma dupla missão: *considerar* tudo isso e o privado, delimitando a própria vida.

O manto fluido

Aspectos positivos: fluido, próximo da água, ligado à Lua e às marés. **Aspectos negativos:** como a "Pequena Sereia", é um ser marinho pela metade. Não afundar em emoções, mas desenvolver a própria existência.

Fundo azul-claro

Céu = reino de Deus e da vontade. **Azul-claro** = céu (aberto); água (clara). **Aspectos positivos:** alegria, vontade clara, mente clara. **Aspectos negativos:** ingenuidade, ilusão. Além disso: vadiar, admirar algo.

II – A Sacerdotisa

Da história conhecemos sacerdotisas como Pítia, do oráculo de Delfos, sibilas (profetisas) como Cassandra de Troia e mulheres de templos e ordens religiosas. Hoje as vemos como personagens do tarô, sobretudo como um espelho pessoal. Em você também há uma!

Forme sua opinião – e viva de acordo com ela!

■ **Significado básico**

Toda pessoa e todo ser têm seu próprio sentido. O véu na imagem simboliza a tela interna, o eco encontrado por todas as impressões e acontecimentos na alma. Ao mesmo tempo, o véu também se refere concretamente aos âmbitos de moradia e aplicação de que todo ser humano precisa. Ora se trata de criar esse espaço, ora da abertura das portas para fora.

■ **Experiência espiritual**

Na meditação ou na devoção, compreender o significado pessoal dos pensamentos, das palavras ou dos atos.

■ **Como carta do dia**

Receitas desconhecidas não ajudam nesse caso. Defenda sua própria opinião.

■ **Como prognóstico/tendência**

Você sempre será sua própria cartomante: o que você pensa e acha se tornará realidade, mesmo que seja fruto da imaginação. Por isso, enterre a obediência estéril e a obstinação inflexível. Dê a si mesmo e aos outros uma chance; assim, você chegará ao *sentido do que lhe é próprio!*

■ **Para o amor e o relacionamento**

O mistério da Sacerdotisa é sua capacidade de perceber, selecionar e nomear emoções, necessidades e intuições.

■ **Para o sucesso e a felicidade na vida**

Ouça sua voz interior!

Os dez símbolos mais importantes

A postura do personagem

Ereta, soberana, evidente, autoconfiante, relaxada, em movimento, concentrada. A suposição de gravidez, conforme aparece em alguns livros de interpretação, é mera especulação. Há muitas formas de fecundidade.

Cetro/símbolo de Vênus – ❶

O símbolo de Vênus consiste em um círculo e uma cruz = Sol e Terra, espírito e corpo. Justamente essa unidade é característica de Vênus e da *Imperatriz*: "de corpo e alma", **a unidade de vários sentidos.**

A túnica florida – ❷

Flores = a beleza da natureza e o florescimento do ser humano. As flores se assemelham ao símbolo de Vênus. **Branco, vermelho, verde:** as cores do *Mago*, e o verde é a cor da natureza. *Flower to the people* – pão e rosas!

O coração cinza – ❸

Um grande coração em tranquila imparcialidade confere a todo ser e a todo impulso uma chance de se afirmar. Se o coração for de pedra, a obstinação vira amor-próprio, que nada mais tem a oferecer aos outros.

Trono vermelho em base cinza

Vermelho e laranja = entusiasmo e paixão, a emocionalidade da Imperatriz. No entanto, esse entusiasmo é circundado por um amplo cinza. **Aspecto positivo:** justiça. **Aspectos negativos:** "pedra em vez de pão", endurecimento, insensibilidade.

Coroa de estrelas/coroa de louros – ❹

Doze estrelas enfeitam a coroa (tal como muitas representações da Virgem Maria). **Buscar estrelas no céu e torná-las fecundas na terra** (coroa de louros) é a missão (ou o dom) da *Imperatriz* (ver o símbolo de Vênus).

Cereais – ❺

Essência da fecundidade e da colheita na vida. Alimento (para o corpo e a alma), alimentar a si mesmo e aos outros e deixar prosperar. Bem-estar, conforto, sensualidade, desfrutar, sentir-se bem.

Árvores/floresta

A natureza foi devidamente lembrada: toda planta deve receber seu lugar e sua oportunidade. "Viver, de maneira individual e livre como uma árvore / e fraternalmente como uma floresta, / eis o nosso anseio!" (Nazim Hikmet)

Queda d'água – ❻

O rio está ligado à nascente e, ao mesmo tempo, cai para a frente. Não apenas a *Torre* tem voos e quedas! **O rio para a frente e a ligação com a nascente** – ambos contam nesse caso!

A cor amarela

Sol, consciência, o supremo e o sagrado, mas também busca de sentido e inveja, ouro e cobiça. **Perigo:** com as costas para o sol = repressão. **Aspecto positivo:** iluminação também dos reversos = consciência confiável.

III – A Imperatriz

*A natureza florescente na imagem se refere ao ambiente, mas também
à natureza pessoal. Nos antigos mitos, a "emoção", expressão
da agitação interior, também é característica de Vênus.
Viver essa feminilidade é um tema não apenas para as mulheres,
mas também para os homens.*

A Imperatriz e deusa do amor em você.

■ **Significado básico**

"A Imperatriz" lembra soberanas e rainhas. Também representa a grande deusa da História Antiga, a tripla deidade no cristianismo e em outras religiões, as mães de Deus, como Ísis e Maria, e, não menos importante, as deusas do amor, como Astarte, Afrodite e Vênus. Por fim, essa carta é um espelho da própria feminilidade (e do aspecto feminino no homem). Ela reflete as experiências pessoais como mulher e/ou com mulheres, a herança da mãe, das avós e das antepassadas.

■ **Experiência espiritual**

Os prazeres dos sentidos e da sensualidade.

■ **Como carta do dia**

Assuma os cuidados e a responsabilidade pelo seu bem-estar diário. Expulse as falsas deusas de sua vida!

■ **Como prognóstico/tendência**

Pelo seu bem-estar: estabeleça e regras adequadas (para você mesmo) e respeite-as!

■ **Para o amor e o relacionamento**

Quando amamos e somos amados, a natureza pessoal floresce. Quando os sentidos recebem uma oportunidade, o amor cresce e, com ele, a beleza da existência.

■ **Para o sucesso e a felicidade na vida**

A chave: naturalidade, evidência e satisfação.

Os dez símbolos mais importantes

Cruz egípcia/cruz ansata/cruz ankh – ❶

Hieróglifo para "vida". No Antigo Egito, símbolo para o sopro de vida e, sobretudo, para a continuidade da vida no além. Vida eterna: **Aqui:** a própria contribuição, fecundidade e renovação.

Globo imperial/pomo de ouro

Globo imperial = símbolo de poder. O pomo de ouro provém dos contos de fada e dos mitos e representa fecundidade e vida eterna. **Aspectos negativos:** rei Midas: o que ele tocava, inclusive a comida, transformava-se em ouro.

Deserto/território desconhecido – ❸

A paisagem = erma e vazia. **Aspectos negativos:** até a melhor fecundidade fenece com o egoísmo e a severidade (cruz egípcia, pomo de ouro). **Aspectos negativos:** *Imperador* = pioneiro no território desconhecido; (apenas) ele pode tornar fértil a terra inculta.

Quatro cabeças de carneiro – ❹

Áries é o primeiro signo do zodíaco no ano, **Páscoa, início da primavera, renovação da vida.** A liturgia da Páscoa cristã também diz: "O que antes era deserto se tornará um jardim!".

A armadura

Aspectos positivos: bem equipado. Cavalaria. Respeito, mas também proteção contra os outros. **Aspectos negativos:** política impiedosa, arrogância do poder, rigidez sem sentido, fardo desnecessário, "gigante com pés de barro".

O rio – ❺

O *Imperador* está e permanece consigo mesmo e com a vida no rio. Apenas quem muda permanece fiel. **Mais uma vez, a tarefa e a aptidão para começar algo novo,** começar algo (consigo mesmo).

Preto – branco – vermelho

Níveis da alquimia: o preto (na parte inferior, junto ao trono) = problemas não resolvidos e oportunidades não aproveitadas. O branco (barba e cabelos) = purificação e sabedoria. Vermelho (dominante na imagem) = nova solução, iluminação.

Barba branca/cabelos brancos

Símbolo do poder e da potência. Sabedoria de vida, experiência e duração, mas também o contrário = recomeço. "O mestre é o verdadeiro iniciante", o mestre reconhece as mudanças diárias da situação e das tarefas.

O trono cinza – ❻

O dado ou cubo = matéria com seus quatro pontos cardeais. O *Imperador* representa nossa força para **encontrar um lugar adequado no mundo** e estruturar esse lugar de maneira independente.

A coroa dourada – ❼

Autoridade, imperar na própria vida. Chakra coronário dourado ou chakra da coroa; consciência límpida e suprema. **Como advertência:** pessoa racional, egoísta; praticar uma má ação com a consciência tranquila; cobiça, arbitrariedade.

IV – O Imperador

Imperar na própria vida; reger-se; ser o primeiro; não recuar diante do desconhecido; explorar um deserto e transformá-lo em um jardim – eis a grande força do "Imperador". Naturalmente, essa aptidão vale tanto para homens quanto para mulheres!

O Imperador e deus da primavera em você.

■ **Significado básico**

Imperadores e reis, Zeus, Júpiter e muitas outras figuras paternas pertencem a essa imagem. Ela é um espelho da própria masculinidade (e do aspecto masculino na mulher). A carta se refere às experiências pessoais como homem e/ou com homens, a herança do pai, dos avôs e dos antepassados.

"O Imperador" é a força em nós, que descobre novas possibilidades de vida. Áries (ver o trono) é o pioneiro em nós, o primeiro signo no zodíaco, o "iniciante absoluto".

■ **Experiência espiritual**

"O homem é capaz de suportar tudo quando consegue se suportar" (anônimo).

■ **Como carta do dia**

Use seu espírito pioneiro. Analise a situação. Crie seus próprios fatos.

■ **Como prognóstico/tendência**

Há muito que ganhar quando essa carta é entendida não apenas como imagem de uma ordem externa (familiar ou estatal), mas também como símbolo da autodeterminação pessoal.

■ **Para o amor e o relacionamento**

Todo relacionamento também requer um trabalho pioneiro para superar os problemas e encontrar novas possibilidades de amor.

■ **Para o sucesso e a felicidade na vida**

Todo ser humano traz algo novo ao mundo. Essa novidade quer ser explorada.

Os dez símbolos mais importantes

Os personagens
A pergunta crucial: "O que você pensa sobre a religião?". Os três personagens compõem o "Hierofante". Além disso, a imagem em questão mostra muitos detalhes do papa cristão.

As colunas cinza – ❶
Essas colunas ressaltam um grande edifício (uma instituição de ensino, uma comunidade de fiéis). **Perigo:** petrificação. **Oportunidade:** durabilidade! **Cinza** = indiferença e inconsciência ou neutralidade, serenidade e tolerância.

A tiara/a coroa tripla – ❷
Coroa do papa. Ele é considerado o representante de Deus na Terra e o *Pontifex maximus*, que significa o sumo *construtor de pontes*! **A coroa tripla representa essa ponte para a tripla deidade.**

O báculo triplo – ❸
Cajado. O báculo tem duas cruzes. Como *líder espiritual*, o papa é o único a possuir três cruzes, uma acima da outra. **Nesse sentido, a carta diz: não devemos ser ovelhas, e sim pastores!**

As chaves – ❹
Pedro, o primeiro papa, foi designado por Jesus com a entrega das chaves: "Tudo o que ligares na terra será ligado nos céus, e tudo o que desligares na terra será desligado nos céus".

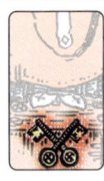

A tríade
De várias formas na imagem. **Religiosa** = a trindade divina. **Além disso:** culto da grande deusa (Virgem Maria, Mãe, Rainha). Três mundos (céu, mundo, submundo), três níveis de consciência (supereu, eu, *id*).

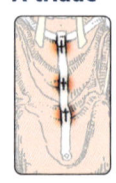

A tonsura – ❺
Quando os cabelos são raspados no topo da cabeça, fala-se em tonsura. Até hoje, ela é usada em algumas ordens monásticas e demonstra a abertura espiritual para Deus.

Lírios e rosas
Como no *Mago* e em outras cartas, aqui também encontramos essas duas rosas brancas e vermelhas como sinal de honestidade, amor e base para toda religião genuína.

A bênção – ❻
O que está em cima é como o que está embaixo. Uma parte é visível, e a outra, invisível. Assim na terra como no céu. *Deus ajuda quem cedo madruga*. Isso vale não apenas para sacerdotes, mas também para todos que façam algo *significativo*.

A quintessência
O número V da carta e os cinco dedos da mão que abençoa remetem à *quintessência*, ao essencial (literalmente, a *quinta essência*). Pontos fortes e fracos são uma dádiva de Deus. O que você faz com eles é o que conta.

V – O Hierofante

Em grego, "hierofante" significa "aquele que anuncia as coisas sagradas". Era o sumo sacerdote em muitas escolas iniciáticas antigas. A carta remete tanto a ele quanto ao papa da Igreja católica (ou às antigas igrejas cristãs). Como toda carta, um espelho para você!

A chave está com você!

■ **Significado básico**

O que antigamente era a missão do sacerdote e do sumo sacerdote hoje cabe a todos nós: como encontrar respostas pessoais para os grandes e pequenos mistérios da vida? Como organizar as respectivas festas e comemorações? Tanto os grandes quanto os pequenos personagens simbolizam pontos fortes e fracos de cada pessoa. Todos eles conduzem à quintessência, à "centelha divina", ao sagrado em todo ser humano, que muitas vezes se encontra vedado e "hermeticamente fechado".

■ **Experiência espiritual**

Todo indivíduo é um mestre espiritual de seu semelhante quando traz à luz algo sagrado.

■ **Como carta do dia**

Inicie os outros em seus mistérios e abra-se para as necessidades alheias.

■ **Como prognóstico/tendência**

Desse modo, você reconhecerá o "sentido da vida": o que faz sentido dá vida ao sentido.

■ **Para o amor e o relacionamento**

Quais acontecimentos, dias no ano e momentos decisivos são importantes para você e as pessoas que lhe são próximas? Organize essas pequenas e grandes ocasiões, por compaixão e com dedicação. Não há nada mais importante.

■ **Para o sucesso e a felicidade na vida**

A chave: a própria competência.

Os dez símbolos mais importantes

Paraíso – antigo e novo

Eva seduziu Adão com a maçã, e Deus expulsou ambos do Paraíso. Menos conhecido é o fato de que o *regresso do Paraíso* no dia do Juízo Final também pertence à tradição cristã.

Árvore da Vida – Árvore do Conhecimento – ❶

Independentemente dessa história do Paraíso, as duas árvores remetem às polaridades da vida, em especial aos princípios do feminino e do masculino, à natureza e à vontade, à terra e ao fogo.

O anjo – ❷

O anjo supera essas polaridades e cuida da união com o Altíssimo, com Deus. **Aspecto positivo:** símbolo de possibilidades pessoais maiores. **Aspectos negativos:** prodígio, observador, sabichão, idealista.

A distância – ❸

"Um maravilhoso convívio (...) quando os seres humanos (...) amam a distância entre si (...) desse modo, podem observar-se por inteiro, tendo o amplo céu como pano de fundo" (R. M. Rilke).

A nudez

Aspectos negativos: falta de vergonha, insolência, rudeza. **Aspectos positivos:** abertura, honestidade e – *last but not least* – erotismo e prazer. A carta com o algarismo 6 também é *a* carta principal do tarô para o sexo.

A nuvem – ❹

A nuvem e o anjo unem os amantes ao Sol ou se colocam entre eles. A clareza e a transparência da "superestrutura" e das concepções sobre o relacionamento são decisivas.

A sombra

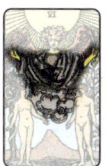

As concepções sobre relacionamento correspondem ao conceito psicológico da sombra, à sombra do inconsciente, que emerge como o não percebido, o invisível. "Do nada", isso pode terminar em briga!

O sol

Aspecto positivo: o anjo une as pessoas ao Altíssimo. **Aspectos negativos:** as pessoas são separadas do sol *por meio do* anjo e da nuvem cinza, ou seja, por meio de ideais não esclarecidos, pensamentos vagos, objetivos obscuros.

A montanha – ❺

Como advertência, significa: uma montanha de dificuldades que se encontra entre os amantes e deve ser superada. **No sentido positivo**, significa que ambos passaram por experiências extremas e chegaram juntos ao topo.

A serpente – ❻

Alerta contra impulsos triviais e falsos instintos. No entanto, a serpente enrolada como a da imagem também é um sinal de desenvolvimento superior, de sabedoria adquirida quando se aprende com a experiência.

VI – Os Enamorados

Muitas pessoas conhecem a história da expulsão do Paraíso. Menos conhecida, porém igualmente parte da Bíblia e de outras tradições, é a história do retorno ao Paraíso e da vida eterna que se inicia no dia do Juízo Final. Pois bem, o dia do Juízo Final é hoje!

As celebrações da vida...

■ **Significado básico**

Ansiamos por amor, mas também tememos amar ou ser amados. Enquanto procurarmos por nossa "cara-metade", haverá o perigo de nos reduzirmos pela metade. Ou, quando o assunto é a busca pela concordância, haverá apenas uma pessoa que poderá compreender você integralmente: você mesmo. Não devemos exigir do companheiro o que nós próprios não somos capazes de cumprir. Tampouco se deve esperar dele o que apenas "Deus" pode dar: paz de espírito, redenção e realização.

■ **Experiência espiritual**

O desaparecimento da sombra no sol...

■ **Como carta do dia**

"Ame você mesmo, e pouco importa com quem você se case" (Eva-M. Zurhorst).

■ **Como prognóstico/tendência**

O amor é uma escolha: quem ama tem mais de tudo na vida do que quem não ama!

■ **Para o amor e o relacionamento**

No fim das contas, o amor deixa de se restringir ao relacionamento e à família e se torna o que sempre foi: o novo Paraíso...

■ **Para o sucesso e a felicidade na vida**

O amor surge e perdura por "criações" em comum. Sem um *plus*, sem que algo produtivo cresça nele, nenhum relacionamento sobrevive por muito tempo.

Os dez símbolos mais importantes

As esfinges – ❶

A esfinges representam os enigmas da vida. Vale notar que as esfinges não puxam o Carro. Não há nenhuma barra de tração no veículo. Elas apenas vão à frente: os enigmas de hoje são o caminho de amanhã.

O Carro de pedra – ❷

O cubo é o "carma" do tempo-espaço no qual fomos colocados para esta vida. Não é possível desembarcar da própria história de vida, mas sempre se pode dar um novo rumo a ela.

O condutor do Carro com a coroa de louros – ❸

A parte superior do Carro representa nossa subjetividade e tudo o que nós próprios podemos e devemos decidir.

Coroa e dossel de estrelas – ❹

Infinitude do universo, beleza e ordem do cosmo. **Além disso:** símbolo da liberdade, da independência e da verdade pessoal (ver *XVII – A Estrela*).

Os rostos da Lua – ❺

Sorrir e chorar, as polaridades da vida psíquica. O Carro representa a viagem, ou seja, a experiência própria e de vida, que formam a personalidade.

A armadura

"Cara de durão, mas coração mole." Proteção, armadura; estar pronto e armado para continuar a evoluir. **Além disso:** tanque de guerra, a *persona*, o espartilho, a fachada que se exibe externamente.

Varinha mágica/cajado

Igualmente um sinal de quem está pronto e equipado; símbolo de peregrinação e de confiança, de apoio na própria força. Indica o poder mágico (*O Mago*) que nos acompanha em todas as experiências.

O Sol alado – ❻

Na Antiguidade, símbolo das divindades oniscientes do Sol. Em Harry Potter, o *pomo de ouro*, que no jogo define a vitória ou a derrota. Aqui: símbolo do centro interno, do sol pessoal no percurso da vida.

Lingam e yoni – ❼

Representação indiana tradicional dos órgãos sexuais masculino e feminino. Aqui, devem ser vistos de maneira menos sexual e, em geral, como compensação dos opostos. Com frequência, são conhecidos como um pião, o que também é adequado.

Cidade, país, rio

Ao fundo, vemos o Pai Cidade e a Mãe Natureza. Como sempre, eventualmente o evento atrás do personagem é inconsciente. Por isso, há o perigo do repúdio ou do desconhecimento da própria origem.

VII – O Carro

O Carro representa a experiência da própria personalidade, que consiste na condução consciente (o condutor) e nos estímulos do inconsciente, do carma e da história de vida (Carro de pedra). As esfinges representam os enigmas da vida.

Aventurar-se a seguir o próprio curso.

■ **Significado básico**

Os enigmas da esfinge diante de si, o Pai Cidade e a Mãe Natureza atrás de si, as estrelas acima de si, obrigações e prazeres nos ombros – o melhor equilíbrio de todas essas condições é a formulação dos *desejos* corretos! O "caminho dos desejos" é o da satisfação de desejos pertinentes e da anulação de medos injustificados. Enquanto você seguir por esse caminho, tudo o que fizer valerá a pena. Inversamente, as mais belas conquistas também permanecem sem valor se você não as ajudar a prosperar nesse caminho dos desejos.

■ **Experiência espiritual**

O caminho é o objetivo.

■ **Como carta do dia**

O "Carro" diz que você tem de *ousar* alguma coisa: formular seus desejos e viver de acordo com eles.

■ **Como prognóstico/tendência**

Você não pode sair de seu Carro, de seu "carma", mas pode dar a ele uma nova direção.

■ **Para o amor e o relacionamento**

Uma boa carta para trazer novos ares ao relacionamento: dê a si mesmo e a seu parceiro sempre um desejo extra!

■ **Para o sucesso e a felicidade na vida**

Desenvolva seu gosto pessoal – preferências e hábitos que lhe fazem bem. Defenda seu ponto de vista e sua opinião com sinceridade.

Os dez símbolos mais importantes

A postura dos personagens
Com a mão direita, a mulher branca acaricia o leão e, com a esquerda, toca a parte superior de sua boca. Ambos = costas encurvadas. **Aspectos positivos:** preocupação, cuidado. **Aspecto negativo:** falta de autonomia.

O leão vermelho – ❶
Antigo símbolo não apenas para a força motriz e o fogo, mas também para a vontade e, sobretudo, a verdadeira vontade. Na alquimia da Idade Moderna, um dos símbolos mais elevados. Cultivar a vontade.

A mulher branca – ❷
A mulher branca (sábia), a sabedoria da natureza, a inocência que domestica o selvagem. A domadora de leões, que estimula e reivindica as forças deste planeta e em cada um de nós.

A boca do leão – ❸
No colo da mulher: a vivacidade, o prazer e a sexualidade reúnem as predisposições básicas do ser humano. Impetuosidade e sabedoria, instinto e razão, autopreservação e procriação. Tudo isso requer e dá força.

Mulher e animal I
Em um arquétipo, encontramos a Bela e a Fera, King Kong e a Dama Branca, a princesa e seu esposo em forma de animal (nos contos de fada) – todos eles são imagens de redenção e da necessidade de redenção por parte da natureza.

Mulher e animal II
"Tudo o que morre e passa / É símbolo somente; / O que se não atinge, / Aqui temos presente; / O mesmo indescritível / Se realiza aqui; / O feminino eterno / Atrai-nos para si."* (Estrofe final do poema *Fausto*, de Goethe.)

A coroa de flores
Flores = a beleza da alma de cada ser vivo. Transformar a terra em um jardim, no qual as flores podem florescer em sua própria essência; a carta nos ensina esse poder das flores.

O oito na horizontal – ❹
Montanha-russa. **Aspectos positivos:** infinitude, equilíbrio, moto contínuo, boa vibração, vivacidade, participação na eternidade. **Aspectos negativos:** girar em círculos, inquietação, repetição sem crescimento.

As montanhas azuis – ❺
Criar "o céu na terra"; experiências extremas. As montanhas azuis se encontram atrás dos personagens, que não percebem suas melhores oportunidades por estarem envolvidos em uma luta consigo próprios.

O céu amarelo
Sol, mas também busca de sentido e inveja, ouro e cobiça. **Perigo:** aproximar-se demais do sol pode causar encantamento (ofuscamento). **Aspectos positivos:** iluminação também dos lados sombreados = consciência confiável.

---

* Tradução de Agostinho D'Ornellas. Lisboa, Relógio d'Água. (N. da T.)

VIII – A Força

Mulher branca (sábia) e leão vermelho retomam o arquétipo da Bela e da Fera. A redenção de uma está relacionada à redenção da outra. Desse modo, essa carta também representa uma cultura pessoal, na qual conseguimos fazer florescer as forças criativas.

A Bela e a Fera – você é ambos!

■ **Significado básico**

O leão vermelho e a mulher branca incorporam os lados mais poderosos da natureza humana: como *impetuosidade* e *sabedoria*, eles aumentam a vivacidade e o entusiasmo pela vida.

Ao mesmo tempo, alertam contra as variantes inconscientes, chamadas de *anima* e *animus*, que se expressam nos impulsos "animalescos" e em um "pensamento selvagem". Tal como acontece com um aprendiz de feiticeiro, que não domina o que diz e causa, a *anima* e o *animus* ocorrem de maneira inconsciente.

■ **Experiência espiritual**

"O que está em cima é como o que está embaixo": o ser humano tem dois centros de prazer – um entre as pernas e outro entre as orelhas!

■ **Como carta do dia**

A felicidade consiste em estar presente por inteiro, como ser humano, e reunir todas as forças no foco do momento.

■ **Como prognóstico/tendência**

A chave para a força é o reconhecimento e a anulação de pontos fortes e fracos.

■ **Para o amor e o relacionamento**

Esqueça os ideais sem sentido e as ações sem entusiasmo.

■ **Para o sucesso e a felicidade na vida**

Viver *com força total* significa estar totalmente presente em determinado momento. Desse modo, essa também é a carta dos pontos altos e das experiências extremas (ver "montanha azul") na sexualidade, bem como em qualquer outra área da vida.

Os dez símbolos mais importantes

A postura do personagem

Ele olha para dentro e para fora, está virado e afastado. Tudo nele é cinza, mas ele traz luz e cor. A barba revela sua idade, mas a neve também representa algo novo e virginal.

Lampião e vigia noturno I – ❶

Tradicionalmente, um símbolo duplo: por um lado, é considerado um sinal de vigilância durante a noite; por outro, é uma expressão para a sonolência e a falta de ação durante o dia ("Estado guardião").

Lanterna e vigia noturno II

Na parábola bíblica das virgens prudentes e das virgens tolas, apenas as prudentes levam óleo consigo. Estão prontas quando aparece o esposo certo.

A estrela de seis pontas – ❷

Hexagrama, estrela de Davi, atualmente parte da bandeira de Israel. No entanto, aqui não tem nenhum fundo político; ao contrário, **simboliza a união de dois triângulos (céu e terra), a luz divina em nós.**

O bastão amarelo e dourado – ❸

A luz do lampião também define as cores do bastão. Trata-se **da luz e da força** que todo ser humano traz para o mundo com sua peculiaridade e sua individualidade.

O traje cinza

Alerta contra a **indefinição e o subdesenvolvimento pessoal**. Encoraja a ser imparcial, pois a própria luz e o próprio caminho (bastão) são mais importantes do que papéis e trajes externos.

O céu cinza-esverdeado

Com o hábito cinza de monge, a cor do céu expressa, mais uma vez, **retraimento e concentração no essencial**, que são, justamente, a própria luz e o bastão dourado, a centelha de Deus!

A barba branca – ❹

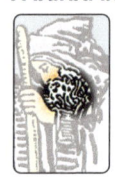

Por tradição, a barba é um símbolo de força e potência. Às vezes, também é uma expressão do disfarce ou do esconderijo ("barba cerrada"). Barba branca = **sabedoria da idade, conclusão e recomeço** (ver "A neve").

A neve – ❺

Uma parte esquecida ou até mesmo congelada de si mesmo. Ou: a neve como metáfora (como uma folha branca) para **a conclusão e o recomeço**: sinal de que os próprios problemas foram depurados.

A postura do personagem

Assim como a neve branca representa a salvação e a consagração da terra, a colina é o lugar de onde se pode olhar para a própria vida e fazer as pazes consigo mesmo, **com Deus e com o mundo!**

IX – O Eremita

Apenas superficialmente o "Eremita" simboliza a solidão ou o abandono. Na verdade, ele tem uma mensagem suplementar, que é muito importante para você em especial. "O Eremita" encarna uma pessoa que resolve seus problemas em determinado momento, sem varrer nada para debaixo do tapete.

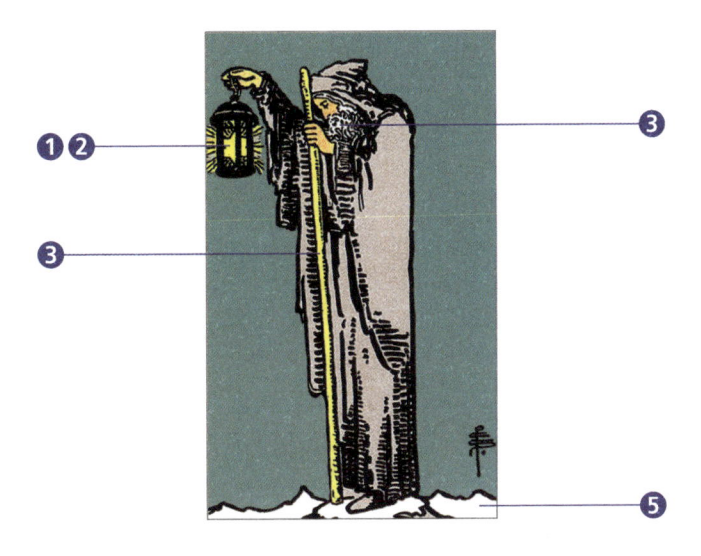

"Prepare sua luz..."

■ **Significado básico**

Imaginar que a vida de um eremita está automaticamente relacionada à ascese e à renúncia é considerar a questão pelo lado errado. O eremita abdica do material. Para ele, isso não é uma renúncia, mas libertar-se de um fardo para conduzir uma vida "na presença de Deus". Contudo, nas diferentes religiões, esse objetivo é uma paráfrase para descrever o estado de felicidade suprema. Por trás da renúncia superficial costuma esconder-se uma experiência especial de felicidade, que deve servir-lhe de guia também em suas questões atuais.

■ **Experiência espiritual**

Um caminho para e com "Deus".

■ **Como carta do dia**

Às vezes, essa carta sinaliza a retirada; porém, com mais frequência, intensifica os esforços do ser humano para liberar-se de coisas sem importância e concentrar-se no que é essencial.

■ **Como prognóstico/tendência**

Você liquidará dívidas tanto no sentido material quanto no sentido moral! Isso lhe fará bem!

■ **Para o amor e o relacionamento**

Uma boa carta para resolver os problemas atuais!

■ **Para o sucesso e a felicidade na vida**

Para suas questões, prefira as soluções que conduzam a determinações duradouras e que não adiem os problemas, mas os resolvam.

Os dez símbolos mais importantes

A esfinge com a espada – ❶
A esfinge = enigma místico composto, entre outras coisas, pelos quatro elementos (fogo, água, ar e terra): tal como a imagem em seu conjunto, a esfinge também expressa a **unidade na multiplicidade**.

A serpente Tífon ou Seth – ❷
No período egípcio tardio, Seth é considerado uma **personificação do mal** e da destruição. Seu nome grego é Tífon. Aqui, ele indica, de modo geral, um **princípio negativo ou descendente**.

O deus Anúbis – ❸
Anúbis = deus egípcio com cabeça de cão ou chacal, que acompanha as almas rumo ao renascimento. Representa um **princípio positivo e construtivo**. – Seth e Anúbis = altos e baixos do destino.

Quatro elementos/quatro evangelistas – ❹
Lucas, o touro – terra. Marcos, o leão – fogo. João, a águia – água (série de símbolos: escorpião – serpente – águia). Mateus, o anjo ou o rapaz – ar. Muitas outras correspondências.

Os caracteres latinos
T – A – R – O: essas letras podem formar as seguintes palavras: Rota Taro Orat Tora Ator: **a roda do tarô anuncia a lei de Hathor, deusa egípcia do destino**.

Os caracteres hebraicos
J – H – V – H: o tetragrama (a palavra de quatro letras), o nome impronunciável de Deus (**J-A-H-V-E** ou **J-E-H-O-V-A**). **Além disso:** os quatro elementos: J = fogo, H = água e terra, V = ar.

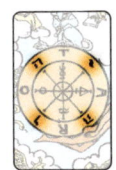

Os símbolos alquímicos
Tal como nos cantos da imagem, na esfinge e nos caracteres hebraicos, aqui também se observam os quatro elementos: mercúrio (acima) = ar; enxofre (à direita) = fogo; água (abaixo) = água; e sal (à esquerda) = terra.

O triplo círculo
Vemos três círculos (com o centro, o cubo do eixo da roda, são quatro níveis ou extensões). Mais uma vez, trata-se de **multiplicidade e unidade, do que é interno e externo, de microcosmo e macrocosmo**.

Raios e cubo do eixo da roda
Os raios vão de dentro para fora e vice-versa. **A dupla missão:** primeiro, superar-se e descobrir o mundo; depois, recuar e encontrar o próprio centro.

Livro e asas – ❺
O homem é o único ser vivo capaz de aprender com as experiências dos outros. Soluções existentes, **experiências próprias e alheias** de sucesso são matérias que nos dão asas.

X – A Roda da Fortuna

A sorte será encontrada e reconhecida. Nela reside o significado dos livros abertos: trata-se menos da erudição do que da formação, da própria visão de mundo, da compreensão das relações. Desse modo, podemos reconhecer nossa sorte e nossas oportunidades no destino.

"A sorte é talento para o destino." (Novalis)

■ Significado básico

A esfinge é um ser composto de formas elementares: corpo de touro (terra), garras e cauda de leão (fogo), rosto de anjo/ser humano (ar) e asas de águia (aqui, as asas são substituídas pela espada; água). Multiplicidade e unidade, continuidade e mudança – por si só, essa é a expressão da esfinge. As outras línguas e os outros símbolos repetem e reproduzem a seguinte declaração: a imagem surpreende por sua multiplicidade e sua unidade em vários níveis.

■ Experiência espiritual

"O feliz acaso favorece o espírito preparado" (Louis Pasteur).

■ Como carta do dia

Preste atenção nas relações entre diferentes áreas da vida. Faça sua própria imagem!

■ Como prognóstico/tendência

A colaboração com o destino cresce com a aceitação amorosa, mas também crítica dos "acasos". Um grande período se inicia para você!

■ Para o amor e o relacionamento

Olhar para além do próprio horizonte o tornará mais tolerante em relação ao parceiro e lhe dará mais campo de ação, mesmo quando você *não* conseguir compreendê-lo.

■ Para o sucesso e a felicidade na vida

É chegado o momento de correlações mais amplas e soluções melhores!

Os dez símbolos mais importantes

A postura do personagem

Como no *Mago*, a posição dos braços expressa o princípio "o que está em cima é como o que está embaixo" (sobretudo quando os braços se estendem até a balança e a espada). Um "canal" que une céu e terra.

Balança e espada – ❶

As clássicas **"armas do espírito"**. Balança = ponderar e averiguar. A espada serve para a execução, mas também para a formação do julgamento, uma vez que com ela é possível cortar, revistar, atravessar ou dividir alguma coisa.

Libra e prazer – ❷

Apenas quem tem escolha e conhece as alternativas pode desenvolver o prazer. Talvez por isso em muitas línguas a balança e o que é pesado (libra) se relacionem à liberdade (*liber*, *liberty*) e ao prazer (amor, libido).

A túnica vermelha – ❸

A relação consciente (com as armas do espírito) com os impulsos e as emoções (representados pelo vermelho dominante da túnica): controle espiritual e censura ou imposição consciente do prazer.

Vermelho – branco – verde – ❹

Vermelho (com violeta, ver mais adiante) e cinza predominantes: coração e compreensão. **A capa (amarelo-)esverdeada** representa naturalidade e crescimento e adverte para a imaturidade. **Um pouco de branco (broche):** um pouco de abertura.

O três e o quatro da coroa – ❺

Mais do que mera jurisprudência: as três "ameias" da coroa e a joia quadrada abaixo delas representam o conjunto de três e quatro elementos como essência do **mundo feminino e masculino, espiritual e material**.

O terceiro olho – ❻

O terceiro olho é insinuado (como na carta de *Dois de Espadas*). Ele representa a **compreensão superior** e a **anulação de contradições**.

Colunas cinza/chão cinza

Cinza é a cor da neutralidade, da serenidade e da tolerância. Por outro lado, é símbolo da indiferença e da inconsciência. O perigo da petrificação e a oportunidade da resistência.

A cortina violeta

Delimita o campo, o alcance do julgamento pessoal. A espada se eleva acima dela, como sinal de uma consciência que supera o próprio eu. Ligação com o todo maior.

O fundo amarelo

A cortina violeta delimita o amarelo radiante. **Aspectos negativos:** sol; consciência clara, oculta atrás de regras e leis. **Aspectos positivos:** entusiasmo, inveja, delírio ou cobiça (= amarelo) limitados por regras e leis.

XI – A Justiça

Trata-se, aqui, de uma experiência limítrofe, que nos deixa claro que existe algo maior do que nós. A "justiça" não é um princípio abstrato, mas uma questão prática sobre como satisfazemos nossas necessidades e as alheias, aquelas com as quais estamos familiarizados e as que não conhecemos.

Quanto mais precisa for a investigação, mais afetuoso será o julgamento!

■ **Significado básico**

"A Justiça" não é um princípio abstrato, mas uma questão prática sobre como você responde a seus desejos e temores, sobre como as experiências e as necessidades de todos os envolvidos são valorizadas. O vermelho predominante é a cor do entusiasmo, da libido (energia pulsional), expressão do amor, da vontade, da agressão ou da raiva. A balança e a espada representam a ponderação e a execução coerentes, o julgamento e o tratamento conscientes de grandes paixões.

■ **Experiência espiritual**

Um julgamento inteligente depende da energia "correta" do coração.

■ **Como carta do dia**

Descubra as necessidades de todos os envolvidos!

■ **Como prognóstico/tendência**

"Na maioria das vezes, nossas experiências se transformam rapidamente em julgamentos. Nós os percebemos, mas achamos que são as experiências. Sem dúvida, os julgamentos não são tão confiáveis como elas. É necessária certa técnica para adquirir as experiências, de modo que delas sempre se possam extrair novos julgamentos" (B. Brecht).

■ **Para o amor e o relacionamento**

Essa "técnica" se chama *imparcialidade e justiça em toda relação*.

■ **Para o sucesso e a felicidade na vida**

Coragem para a crítica, coragem para o elogio!

Os dez símbolos mais importantes

A postura do personagem I

A imagem remete a modelos celta-germânicos. O deus Odin e o grande Mago Merlin passam dias e noites nessa posição. Rituais xamânicos também fazem uso dessa postura.

A postura do personagem II

Braços e cabeça = triângulo; as pernas formam um sinal da cruz e um quatro invertido. O triângulo e o sinal da cruz juntos = **símbolo alquímico do fogo: enxofre** (ver carta X), portanto, também representa uma estação de fogo.

Tau ou cruz de tau I – ❶

A letra grega *tau* (em latim, *t*) é representada por um traço na vertical cortado por outro na horizontal. A cruz de tau também é o **símbolo de São Francisco de Assis**, que dizia: "O que você busca é o que busca".

Tau ou cruz de tau II

Aspectos negativos: a trave limita o desenvolvimento da haste horizontal; as possibilidades mais elevadas são limitadas pela passividade ou pelo fatalismo. Além disso: o T é símbolo de "pausa", mas também de "beco sem saída"!

Tau ou cruz de tau III

Aspectos positivos: o "fim da linha", as mais elevadas possibilidades de desenvolvimento são alcançadas e encontram seu coroamento. **Cruz de tau** = a máxima felicidade, o maravilhoso e a "emoção mais sublime".

A altura

"O Pendurado" tem um ponto de vista claro, só que ele não está situado na terra, e sim no céu. Trata-se, aqui, de um mundo surreal, ou seja, literalmente: **um mundo acima da realidade**.

A posição dependurada – ❷

A carta adverte para muitos tipos de dependência. Ela incentiva a fazer uma pausa de vez em quando ("para relaxar e se descontrair"), mas, sobretudo, a se agarrar àquilo em que se acredita.

A coroa de raios – ❸

Quem com toda a sua existência se agarra ao que lhe é sagrado vive o mais alto grau de força psíquica. A auréola (em latim, *nimbus*) é o símbolo de poderosos, iluminados ou santos.

A fita no pé direito – ❹

Perna direita = lado consciente: trata-se de dedicar-se conscientemente ao que nos faz brilhar. De maneira consciente, também se deve ver o mundo com outros olhos. Imaginar uma posição oposta.

A inversão

De uma maneira ou de outra: sempre dependemos do que acreditamos. Isso é ainda mais importante por não ser uma superstição nem uma falta de fé. **Eis por que são necessárias** as fases do teste nas quais invertemos nós mesmos e nossos valores.

XII – O Pendurado

"O Pendurado" tem um ponto de vista bastante comum, claro e unívoco. Contudo, seu ponto de referência não é definido na terra, não é terreno. Seu "ponto de vista" é a perspectiva do céu, a fé.

"Upside down you turn me..."
[Você me vira de cabeça para baixo...]
(Diana Ross)

■ **Significado básico**

"O Pendurado" acredita naquilo em que está dependurado. E está dependurado no que acredita. O trágico ocorre quando a crença se apresenta como superstição. Por isso, é importante testar a própria fé. Para tanto, às vezes, é necessário inverter tudo. Por outro lado, a imagem certamente também indica uma passividade inadequada, uma pessoa que "se deixa dependurar".

■ **Experiência espiritual**

Metanoeite – em grego: "Mudai de direção e transformai-vos!". (Lema de São Francisco de Assis, cujo símbolo é a cruz de tau.)

■ **Como carta do dia**

Analise os indícios de que você dispõe para suas suposições.

■ **Como prognóstico/tendência**

De uma maneira ou de outra, chegou-se ao "fim da linha": uma forte emoção, que apresenta uma grande história passional *ou* uma paixão empolgante.

■ **Para o amor e o relacionamento**

Aqui, a cabeça se encontra na posição mais baixa, e o ventre, acima. Isso pode indicar outro tipo de sabedoria, que você só obterá ao se entregar.

■ **Para o sucesso e a felicidade na vida**

Mude sua consciência, e você verá o mundo com outros olhos.

Os dez símbolos mais importantes

O cavaleiro de preto – ❶ 
Esta carta também é um espelho: não se trata, aqui, de simplesmente soltar o que se estava segurando, mas de encerrar algo ativamente. Alerta contra o rigor e agressões injustificadas. Incentivo a ações positivas e coerentes.

O cavalo branco – ❷ 
O cavalo simboliza força, vivacidade e vida pulsional. O branco representa conclusão e recomeço. – O contraste preto e branco remete aos máximos extremos da vida.

Estandarte com coroa de espigas – ❸ 
A grande flor com cinco espigas (pentagrama com a ponta para baixo) mostra sobretudo uma coisa: **aqui se trata de colheita!** Em primeiro lugar, a morte, representada pela ceifeira, não quer destruir. Sua função é colher!

O rei sem coroa – ❹ 
A morte do ego, o fim do poder mundano. **Aspectos negativos:** perda de controle, impotência. **Aspectos positivos:** "tirar o chapéu", respeitar as leis da vida e da morte como parte do autogoverno do *Imperador*.

O bispo sem bastão – ❺ 
Ao contrário do rei, as crianças e o bispo/sumo sacerdote podem encarar a morte. No entanto, o bastão do bispo está no chão; o processo de morte e renascimento é maior do que seu poder.

As meninas/as crianças – ❻ 
A menina maior vira o rosto. Apenas a menor e o sacerdote olham para a *Morte*. Quando adultos, temos de ser crianças ou sacerdotes para aceitar a morte como parte normal da vida.

O barco das almas – ❼ 
Uma imagem da mitologia egípcia, que reaparece em muitas religiões: **a embarcação que transporta as almas da morte para o renascimento.** Desse modo, essa carta também representa as transformações na vida.

Os portões do céu – ❽ 
Knocking on heaven's door [Batendo à porta do céu]: a morte não é simplesmente o fim. Como ser humano, pode-se estar morto há muito tempo antes de morrer de fato. E pode-se ter uma vida longa depois de já ter morrido.

A Cidade Eterna – ❾ 
Uma imagem do Novo Testamento: a Cidade Eterna (ou a Jerusalém Eterna) é o Paraíso, que retorna no dia do Juízo Final. Entretanto, o dia do Juízo Final é hoje! E a morte e a transformação também são o tema do dia.

O céu cinza 
O sol dourado pode se pôr ou nascer. O céu cinza adverte para a indiferença e o desinteresse, nesse caso, em relação à morte como parte da vida. Além disso, ele nos encoraja a ter um espírito tranquilo e sereno.

XIII – A Morte

Algo termina. Quando uma coisa boa chega ao fim, ficamos tristes; mas, se algo ruim se encerra, ficamos felizes. No entanto, a imagem também significa que há algo a ser cumprido. Sua "agressão positiva" e sua energia são solicitadas para que você realize mudanças necessárias e decisivas.

Soltar para colher: a "Comadre Morte"* quer colher!

---

* Referência ao conto "A Comadre Morte", dos Irmãos Grimm. (N. da T.)

■ Significado básico

O luto pela morte e pela perda é inevitável. Contudo, não se consegue reprimir o medo da morte. É possível estar morto muito antes de morrer. E é possível viver por muito tempo depois de morrer! De uma maneira ou de outra, a morte não significa o nada: a "Comadre Morte" quer colher alguma coisa. Por isso, ela aparece em muitas representações como uma ceifeira. Aqui, o cavaleiro de preto traz uma *coroa de espigas* em seu estandarte.

■ Experiência espiritual

"E como não compreendes / estas palavras: 'Morre e transforma-te!' / És apenas um triste hóspede/nesta terra sombria" (J. W. v. Goethe).

■ Como carta do dia

Encerrar ou soltar alguma coisa para colher. Quais frutos já estão maduros? O que não combina mais com você?

■ Como prognóstico/tendência

Os efeitos da própria vida ultrapassam a morte. Por isso, é ainda mais importante perguntar o que você quer viver, realizar e colher nesta vida.

■ Para o amor e o relacionamento

Crie um lugar para um novo nascer do sol.

■ Para o sucesso e a felicidade na vida

Para que uma vida traga frutos, é preciso ter feito o necessário para a colheita desejada no ritmo adequado. Nunca é tarde para começar.

Os dez símbolos mais importantes

Um anjo na terra

O anjo é o único personagem na imagem. Por ele não passa nenhum caminho que nos leve a lidar com nossas possibilidades "celestes". Trata-se do "eu superior", mas também de um idealismo irreal.

A placa no peito/o amuleto – ❶

O conjunto de três elementos para a feminilidade e a espiritualidade, o conjunto de quatro elementos para a masculinidade e a materialidade: levar seus opostos a uma tensão produtiva. (Sobre o amuleto: as quatro letras hebraicas J-H-V-H.)

Mistura/liquefação – ❷

As contradições serão superadas e eliminadas à medida que entre elas se produz uma tensão e algo passa a fluir. A medida correta das coisas é justamente a tensão correta, a oposição correta.

Os três níveis – ❸

Abaixo: os polos (terra e água) ainda não conciliados. **No centro:** as contradições em relação; algo começa a fluir. **Acima:** unidade (o terceiro olho) e diferenças em toda a envergadura (asas grandes).

O longo caminho – ❹

A vontade conhecida e verdadeira, o projeto de vida. **Objetivo:** as missões corretas que conduzimos e que nos conduzem a uma solução feliz. **Alerta** contra dificuldades, falsos ideais e processos demorados.

A água azul

O azul da água se repete nas montanhas. Espiritualidade (espírito e alma), que determina a origem e o destino. O azul-celeste também adverte para a ingenuidade e as ilusões.

As montanhas azuis – ❺

Símbolo do *casamento do céu com a terra*, o mistério da união, de que trata a carta como um todo. **Aspecto prático:** encontrar a própria determinação – justamente na forma de vida mais *pertinente* para nós!

Sol/terceiro olho – ❻

A cabeça do anjo e o sol acima das montanhas = forma semelhante. Ambos devem corresponder mutuamente. Se a vontade pessoal e a "vontade" do destino coincidirem, coisas grandiosas serão possíveis!

O céu cinza

No entanto: o sol atrás do personagem. **Alerta** contra intenções não notadas e esquecidas. O céu cinza adverte para a indiferença em relação aos objetivos da vida e incentiva uma investigação neutra.

Asas de fogo – ❼

Sua envergadura ultrapassa a imagem: encontrar sempre novas possibilidades e nenhum fim. **Aspectos negativos:** Purgatório, perfeccionismo, fuga rumo ao que é gigantesco. **Aspectos positivos:** purificação, unir o infinito ao necessário.

XIV – A Temperança

Já na Antiguidade, a temperança era uma das quatro virtudes cardeais. Trata-se da medida das coisas e dos objetivos mais elevados na vida. A carta nos encoraja a assumir as rédeas das contradições da vida.

Uma transformação prazerosa do mundo...

■ **Significado básico**

Os alquimistas chamam de "casamento entre o céu e a terra" o *mysterium coniunctionis* (o mistério da conjunção), que, para eles, é o objetivo da "grande obra" (*opus magnum*).
No entanto, a maior obra são as missões da vida. O longo caminho na imagem trata justamente de missões tão grandiosas que requerem toda uma vida e dos objetivos que evocam e valorizam o "anjo" em você, seu eu mais elevado, suas maiores possibilidades.

■ **Experiência espiritual**

Enquanto a justa medida não for encontrada, viveremos um "Purgatório", uma purificação.

■ **Como carta do dia**

Assuma as rédeas das verdadeiras contradições de sua vida...

■ **Como prognóstico/tendência**

... assim, você terá mais facilidade para aceitar as coisas como elas são e ajudar a vontade a ter sucesso, não apesar das contradições, mas justamente por causa delas.

■ **Para o amor e o relacionamento**

Com suas ações, você obtém novos atos e sempre se recria. É importante permitir que o parceiro participe disso.

■ **Para o sucesso e a felicidade na vida**

Estabeleça em sua rotina uma "oficina de criatividade", na qual você possa se reabastecer regularmente.

Os dez símbolos mais importantes

As posturas dos personagens

Os paralelismos com as cartas *VI – Os Enamorados* e *V – O Hierofante* são evidentes. Talvez, com muito esforço, os dois "enamorados" tenham tirado da escuridão a grande figura do diabo sentada no bloco de pedra.

Os cornos – ❶

Símbolos da natureza ainda não civilizada. Aqui, trata-se menos de "puladas de cerca" ("ser chifrado") do que de tudo o que é originário e incivilizado em nós, que pode ser tanto uma maldição quanto uma bênção.

Asas de morcego/garras – ❷

Morcego: animal com especial sensibilidade noturna, é capaz de orientar-se da melhor maneira também na escuridão. As garras no lugar dos pés: pássaro, elemento ar. – O "diabo" como espírito terreno!

A cabeça triangular – ❸

O pentagrama com a ponta para baixo adverte para a energia negativa que "puxa tudo para baixo". Além disso, incentiva a uma quintessência pessoal, cujas pontas estão voltadas para baixo, ou seja, para a terra.

Parte inferior do corpo em forma de bode – ❹

Deixar os preconceitos de lado! Como todo animal, o bode representa os impulsos e os instintos. Não permita que alguém seja rotulado de "bode expiatório". **E inversamente:** faça o que tiver vontade de fazer.

O cubo – ❺

Símbolo da matéria. No sentido ocidental, o cubo preto (em muitas religiões, o santuário central, tal como a Caaba, em Meca) simboliza a matéria não trabalhada e o eu inexplorado.

As correntes – ❻

Alertam para a dependência, em especial para um "círculo vicioso". No entanto, **do ponto de vista positivo**, essa é a carta do yoga (literalmente, do "jugo"). **Voluntariedade:** as correntes estão frouxas. Aceitação da limitação material.

A tocha – ❼

Tarefa/dádiva de **iluminar a escuridão** e de distinguir claramente na carta do *Diabo* uma pessoa inoportuna de outra que não teve oportunidades na vida. Além disso, cultivar o **fogo das profundezas**, o "calor da terra", a *prima materia*, a natureza primitiva.

O sinal da mão – ❽

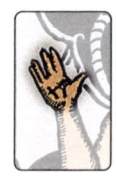

O contrário ou a extensão do sinal da bênção dada pelo *sumo sacerdote*. Aqui, todos os dedos estão abertos, tudo é visivelmente aberto. Olhamos dentro de uma "caixa-preta" e descobrimos tesouros ou "lixo" desconhecido.

As caudas – ❾

Como os cornos: o homem não apenas veio do céu à terra como anjo, mas também desceu das árvores em tempos remotos como macaco. **O restante da natureza primitiva em nós há de ser formado.**

XV – O Diabo

Quando essa carta aparece, é sinal de que o limiar do tabu foi ultrapassado. O que antes havia de subliminar torna-se visível. Não apenas a vantagem, mas também a missão estão justamente nisso.

Não se deixe intimidar!

■ **Significado básico**

De um lado, o diabo representa uma pessoa inoportuna, um verdadeiro peso e incômodo, que tememos com razão. Podemos nos livrar dessa parte das trevas quando finalmente a reconhecermos.

De outro lado, o diabo personifica a *pessoa que não teve oportunidades na vida*. Essa é uma parte de nós que, até então, negligenciamos, embora intimamente e com razão sintamos certa falta dela. Só nos resta levá-la para casa.

■ **Experiência espiritual**

"Ilumine a escuridão, e você encontrará lixo antigo e tesouros novos!"

■ **Como carta do dia**

Essa é sua chance de adquirir experiência.

■ **Como prognóstico/tendência**

Se você iluminar a escuridão, o "vampiro" virará pó, e a "pessoa sem oportunidades" ganhará forma e cor.

■ **Para o amor e o relacionamento**

Não é nenhuma maldição nem vergonha – na maioria das vezes, é apenas um sinal de qualidade e desenvolvimento positivo quando os "aspectos sombrios e desagradáveis" aparecem em um relacionamento.

■ **Para o sucesso e a felicidade na vida**

Reserve para si mesmo o tempo necessário para enfrentar o desconhecido e aprender a distinguir o que você pode ou não aproveitar dele.

Os dez símbolos mais importantes

As posturas dos personagens

As posturas dos dois personagens expressam **não apenas uma queda**, mas talvez **também um voo**. Vale lembrar que saltar de paraquedas e de trampolins são *hobbies* populares.

A torre – ❶

Trata-se de uma torre de proteção ou de controle, que oferece altura, panorama, poder e segurança. Por outro lado, pode representar uma torre de marfim, superioridade e isolamento, encapsulamento e a vida em uma torre mais como uma prisão.

Entre céu e terra

Não se vê o momento do salto nem o da expulsão, tampouco onde e como os dois aterrissam. A energia especial da imagem consiste no voo e na queda, no **estar entre o céu e a terra**.

A explosão – ❷

Primeiro se pensa: o raio caiu. No entanto, a torre com o raio e as chamas também são um **símbolo do orgasmo**, um modelo da energia mais intensa do ser humano na sexualidade e em todas as esferas da vida.

As gotas douradas – ❸

As vinte e duas gotas em forma da letra hebraica J (para fogo) remetem ao Pentecostes ("Espírito Santo" na forma de línguas de fogo). Gotas douradas da graça ou tempestade de fogo da destruição – energias elevadas e opostas.

O raio – ❹

A forma serrilhada lembra um W. Assim como a varinha do *Mago* pode representar o *I* (eu), o W pode representar o *We* (nós). Para o bem e para o mal, as energias mais elevadas da vida têm a ver com os *outros*.

As chamas – ❺

Chamas da paixão. **Aspectos negativos:** destruição, arbitrariedade, agressões descontroladas, chamar o corpo de bombeiros. **Aspectos positivos:** ter entusiasmo, prontidão e dedicação; a centelha divina no ser humano.

A coroa inclinada – ❻

Aspectos positivos e negativos: perda de controle, abertura, objeções e pretextos se tornam irrelevantes. **Aspectos negativos:** falta de autoproteção, eu fraco. **Aspectos positivos:** perda da autoafirmação e do egoísmo.

Queda e voo – ❼

Voar é um sonho antigo do ser humano. Em nossos sonhos noturnos, o voo e a queda também desempenham funções importantes. Perdemos o "medo de voar" (Erica Jong) com treino e hábitos positivos.

O céu preto

Aspectos negativos: perda dos horizontes, da visão geral e da orientação. **Aspectos positivos:** luz na escuridão. Força para recomeçar, para partir em busca do desconhecido, para iluminar a noite. O caminho para a *Estrela*.

XVI – A Torre

A carta adverte para a megalomania e a falta de firmeza. Podem surgir abalos, mas também há um incentivo (penetrante, mas brando) para desistirmos de objeções e pretextos pessoais – a própria torre de marfim – quando chegar o momento oportuno.

"Riders on the storm"/cavaleiros na tempestade – (The Doors)

■ Significado básico

A *construção da Torre de Babel* representa a megalomania humana. O resultado é não apenas a destruição da torre, mas também a "confusão babilônica de línguas": as pessoas deixam de se entender.
O evento do Pentecostes representa o inverso disso: o "Espírito Santo" desce em forma de tempestade e línguas de fogo até os discípulos, que começam a falar, e todos os ouvem em sua língua materna. Em vez de confusão de línguas, eliminação das barreiras linguísticas e de comunicação.

■ Experiência espiritual

Pentecostes – a comunicação direta de coração para coração.

■ Como carta do dia

Invista toda a sua energia! Respire de maneira consciente, mesmo em caso de alta tensão.

■ Como prognóstico/tendência

Trata-se de evitar perigos, da vontade de ousar um salto e de se envolver totalmente. O tema aqui não é a aterrissagem. A carta remete apenas à existência "externa", entre o céu e a terra.

■ Para o amor e o relacionamento

Você terá mais amor e se protegerá melhor de imposições violentas se agir de maneira mais consciente e direta.

■ Para o sucesso e a felicidade na vida

Viva o desenvolvimento como um experimento. Abra os olhos!

Os dez símbolos mais importantes

A postura do personagem

Devoção e concentração. Talvez também narcisismo, pelo modo como ele parece encantado com a própria imagem. Outra possibilidade é que o personagem esteja buscando em vão uma imagem semelhante à sua, pois a água em movimento não lhe oferece nenhum reflexo.

Os jarros

Capacidade anímica de compreensão, a essência de nossos sentimentos. Ao mesmo tempo, nos antigos mitos, o ser humano também era descrito como um recipiente nas mãos de Deus, parte do ciclo (hidrológico) da vida.

Da água para a água/da água para a terra – ❶

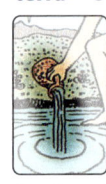

Nisso se expressa esse ciclo cósmico. Mas também: "Separar o joio do trigo". Uma parte é utilizada para fertilizar a terra, enquanto a outra flui de volta para o ponto de partida.

Os cinco fluxos – ❷

A terra é fertilizada com a água da vida. O homem é parte da criação e seu parceiro ativo. Os cinco fluxos também representam a quintessência de todo ser humano.

A nudez

Aspectos negativos: alerta para a insolência e a falta de vergonha. **Aspectos positivos:** verdade pessoal, uma beleza de conto de fadas (nos contos de fadas europeus, geralmente a beleza significa a verdade vivida e a veracidade).

As estrelas de oito pontas – ❸

Aqui, a forma de oito pontas das estrelas lembra os diamantes. Esse é um antigo **símbolo para representar o núcleo puro, verdadeiro e purificado da alma**, inalienável e indestrutível em todo ser humano.

O pé sobre a água – ❹

Aspectos negativos: nenhum acesso aos sentimentos, não se entra na água. Como um congelamento, uma inacessibilidade da alma. **Aspectos positivos:** a água carrega; a alma e a fé oferecem apoio e perspectiva.

A árvore na colina

Como a montanha e seu pico ao fundo, a árvore com raízes e copa também representa a **ligação entre céu e terra**, o crescimento e a convergência graduais do microcosmo e do macrocosmo.

O grande pássaro – ❺

O bico longo indica que se trata de um íbis. Os antigos egípcios adoravam o deus Thot (em grego: Hermes) e o representavam com uma cabeça de íbis. Esse pássaro conduziu Noé após o dilúvio.

O céu azul-claro

Céu = reino de Deus, mas também da vontade e dos ideais. **Azul-claro** = céu (aberto); água (clara). **Aspectos positivos:** alegria, descontração, mente clara. **Aspectos negativos:** ingenuidade, êxtase. Além disso: vadiar.

XII – A Estrela

A "estrela" é uma expressão de nossas mais belas esperanças, mas também dos sonhos desprovidos de realismo. A carta adverte para o narcisismo ou a perdição. Incentiva a busca pelo próprio ponto de vista e a contribuição pessoal com o cosmos.

A star is born [Uma estrela nasceu] – As estrelas não caem do céu...

■ **Significado básico**

Todos os nossos sonhos giram em torno dessa estrela; a verdade pessoal é a fonte de nossos sonhos. Essa fonte nunca pode se esgotar; só é preciso encontrá-la e, como mostra o personagem, tomá-la nas mãos e torná-la frutífera. Quando a estrela ilumina não apenas a noite, mas também o dia, essa verdade se mostra em toda a sua beleza.

Às vezes, porém, essa carta adverte para uma falta de vergonha inapropriada ou para a humilhação.

■ **Experiência espiritual**

Reconhecer e aceitar o próprio lugar no cosmos. Experimentar a participação pessoal na criação.

■ **Como carta do dia**

Mostre-se, dê sua contribuição! Abandone as falsas inibições e os falsos pudores para se apresentar em sua beleza pessoal.

■ **Como prognóstico/tendência**

Seguir a própria estrela significa: ser claro e realizar o próprio sonho. Experiências ruins devem ser superadas, e as boas esperanças devem ser sonhadas até o fim e realizadas.

■ **Para o amor e o relacionamento**

Descongele os sentimentos congelados!

■ **Para o sucesso e a felicidade na vida**

Não esconda seus méritos nem suas capacidades, mas também não se esqueça de que você é apenas parte de uma galáxia muito maior.

Os dez símbolos mais importantes

Nenhum personagem?

A carta alerta para as emoções, tal como elas literalmente nos absorvem em uma noite de lua cheia. Sob a lua, ficamos paralisados ou uivamos para ela. **Aspecto positivo:** os portões do céu estão mais abertos do que nunca.

Sol e Lua – ❶

Lua cheia, meia-lua e Sol unidos. **Aspectos negativos:** dia e noite formam uma coisa só; o dia é um grande sonho, do qual não se acorda. **Aspectos positivos:** a Lua é iluminada; os desejos da noite são transferidos para o dia.

Rosto da Lua – ❷

Embora a Lua represente as grandes e oceânicas emoções, bem como o "inconsciente coletivo", ela tem traços pessoais. **No início e no fim, deparamos com as histórias pessoais.**

Gotas douradas – ❸

Quinze gotas douradas no formato do "J" hebraico caracterizam um fluido cintilante, a passagem entre o céu e a terra, **a caminhada das almas**, os "vaga-lumes", as centelhas divinas.

Cão e lobo – ❹

Cão = domesticado, lobo = selvagem. O caminho passa por impulsos e pela penumbra. **Instintos primitivos e anseios herdados** determinam e criam o caminho das águas da fonte até o azul das montanhas.

Lagosta – ❺

A lagosta representa **emoções e instintos primitivos**. Eles aparecem aqui e são trabalhados e liberados, ou também tornam a escapar, mergulhando nas profundezas e escondendo-se.

Torres/portões do céu – ❻

É extraordinário o quanto os portões do céu estão abertos nessa imagem. Um casamento entre céu e inferno, sobrenatural e submundo, um cotidiano ampliado. A chance de paz e salvação.

O longo caminho

O caminho da vida em sua totalidade, união de mundo e outro mundo, nosso duplo lar aqui e além. Símbolo da fé e dos grandes sonhos que se referem a todo o período de vida.

Planos azuis e verdes

As origens inconscientes (lagosta) e a superestrutura baseada nas emoções e na fé (as montanhas azuis) – é importante libertar ambos os lados e inseri-los na realidade verde da normalidade cotidiana.

O céu azul-claro

Céu = reino de Deus e da vontade. **Azul-claro** = céu (aberto); água (clara). **Aspectos positivos:** alegria, descontração, vontade clara, mente clara. **Aspectos negativos:** ingenuidade, êxtase. Além disso: vadiar, melancolia.

XVIII - A Lua

A "Lua" evoca emoções escondidas e até mesmo a lagosta, ou seja, os instintos primitivos mais profundos e um céu enfeitado de ouro, que de repente parece ao alcance da mão. Como uma lua cheia, isso pode ter um efeito realmente perturbador. Aqui, você terá de ter coragem para viver grandes emoções!

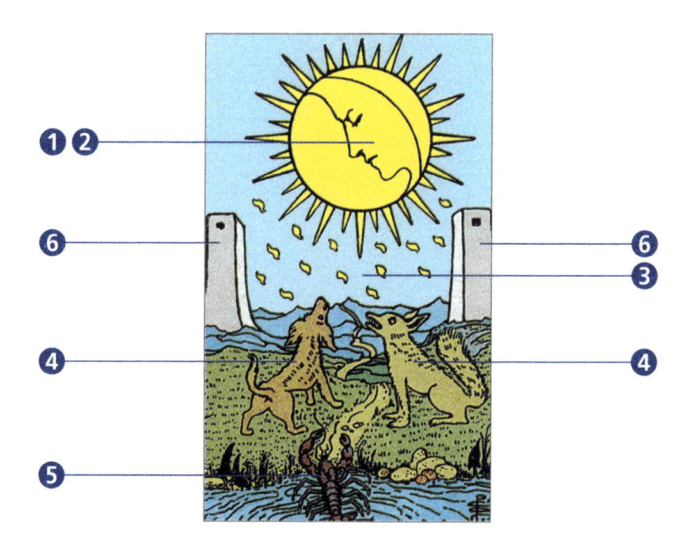

A "Lua" representa o inconsciente coletivo, as "emoções oceânicas".

■ **Significado básico**

Com essa carta, normalmente vivemos em estados de espírito que, em um primeiro momento, não sabemos como avaliar. O perigo está em ser absorvido pelas mudanças da alma. A grande oportunidade está no fato de nos colocarmos na situação de toda criatura, de nos sentirmos em casa em qualquer lugar e adquirirmos uma identidade ampliada: em todo acontecimento, em toda criação, também reconhecemos parte do "divino" e da própria pessoa.

■ **Experiência espiritual**

Libertar-se de pesos, dores e medos, cumprir promessas, anseios e desejos.

■ **Como carta do dia**

As grandes emoções e "as últimas coisas na vida" são realidades que querem ser vividas como quaisquer outras.

■ **Como prognóstico/tendência**

A promessa dessa carta é a transformação de um cotidiano "árido" ou viciado (e nostálgico) em um prazer de vida liberto e exultante.

■ **Para o amor e o relacionamento**

Dê espaço aos lados noturnos sem se entregar. Leve seu parceiro com você.

■ **Para o sucesso e a felicidade na vida**

Faça as pazes com "Deus" e com o mundo. A carta encoraja você a abrir seu coração e a pôr de lado toda inibição.

Os dez símbolos mais importantes

A postura do personagem

A postura da criança expressa dedicação e abertura. Além disso: amadurecimento (XIX – uma estação posterior nos Arcanos Maiores), o que significa **voltar a ser criança quando já se é adulto**. Ela carrega a enorme bandeira à esquerda.

Rosto do Sol – ❶

Assim como a carta da *Lua* representa o inconsciente coletivo, a do Sol simboliza **o saber coletivo e a consciência**. Representa o centro a partir do qual organizamos nossa vida.

Os 21 raios – ❷

Os restantes **21 Arcanos Maiores** e, em especial, a carta *XXI – O Mundo* são abordados aqui. Eles indicam sua capacidade e sua missão de experimentar as grandes estações da vida de maneira consciente.

A pena vermelha – ❸

Chama da vida e alegria de viver (cf. *XIII – A Morte* e *0 – O Louco*). Força de vida, potência e vitalidade. Como a luz vermelha da vida, a pena vermelha mostra a vivacidade da alma e do "coração" humano.

A bandeira vermelha

Como um grande escorregador, ressalta o aspecto da entrega à força de vida. Além disso, une a elevação e a profundidade; por analogia, infância e velhice: "O fim é meu começo" (Tiziano Terzani).

O cavalo branco e cinza

Branco = inocência e sabedoria. **Cinza** = imparcialidade, o que passa despercebido e é inconsciente. O Sol ao fundo e a força que nos transporta (o cavalo) talvez não sejam percebidos.

A muralha – ❹

Estabelecer e manter limites! Embora o Sol represente o mundo do supremo e do sagrado e apareça em nosso cotidiano, ele também se distingue da esfera do absoluto.

Os girassóis – ❺

O Sol ofusca e afasta os lados obscuros da vida? Ou será que com sua luz podemos iluminar as profundezas? Desde os tempos de Van Gogh, o Sol e a sombra...

Sol e sombra – ❻

... são indissociáveis do motivo do girassol. Encontramos a sombra em diversos lugares da imagem: a sombra cinza entre as flores e o Sol. O sombreamento no cavalo branco. O Sol ao fundo.

O céu azul-claro

Céu = reino de Deus e da vontade. **Azul-claro** = céu (aberto); água (clara). **Aspectos positivos:** alegria, leveza, vontade clara, mente clara. **Aspectos negativos:** "admirar" alguém ou alguma coisa, ilusão.

XIX – O Sol

O "Sol" simboliza a renovação diária, a luz e o calor. Encontramos nosso lugar ao sol onde podemos dizer com todo o coração: "Está bem assim!". O desenvolvimento criativo e abrangente é característico tanto da luz solar quanto da consciência humana.

Todo dia é um aniversário.

■ Significado básico

"O nascimento não é um acontecimento pontual, mas um processo duradouro. O objetivo da vida é nascer por inteiro... Viver significa nascer a cada minuto" (Erich Fromm).

Precisamos de um "aniversário permanente", de um modo de vida desejado e marcado não pelo hábito e pela rotina, mas pela livre escolha e pelo livre-arbítrio. Em vez de um comportamento e de um pensamento convencionais, surge um estilo de vida escolhido pelo próprio indivíduo.

■ Experiência espiritual

"Ama Deus e faz o que queres" (Santo Agostino).

■ Como carta do dia

Não se deixe intimidar. Afaste ou contorne o que perturba seu desenvolvimento e seu bem-estar.

■ Como prognóstico/tendência

O que lhe resta quando você envelhece e amadurece com o Sol é a dedicação declarada ao mundo. Ela lhe dá uma alegria divertida de existir.

■ Para o amor e o relacionamento

Uma perspectiva luminosa para o relacionamento: *quanto mais longo, maior é o amor* – isso também vale quando o relacionamento evolui e cada parceiro recebe sol suficiente.

■ Para o sucesso e a felicidade na vida

Tenha cuidado e proteja-se da ilusão e das superficialidades.

Os dez símbolos mais importantes

O Juízo Final

A Bíblia fala não apenas da perda do Paraíso (Adão e Eva, o pecado original). **O retorno do Paraíso no dia do Juízo Final é menos conhecido, mas parte integrante da tradição cristã.**

As posturas dos personagens

A posição dos braços pode expressar despedida ou reconciliação. Aqui, ambos podem ser importantes: trata-se de pôr um ponto-final em todo o passado e não guardar nenhum "esqueleto no armário".

Clarim com sete traços – ❶

O clarim ou a trombeta do dia do Juízo Final desperta **energias adormecidas e ressuscita os mortos**. Você também tem essas forças – ou as encontra. **Além disso:** você ainda ouvirá muitas coisas.

A cruz laranja e vermelha – ❷

Como todo sinal da cruz, é um símbolo de distinção e união. A tarefa da despedida e da separação, de um lado, e da reconciliação e da união, de outro.

O anjo – ❸

Tal como o anjo, os sete personagens podem ser partes de você. Ele representa **sua força para a motivação** (despertar) **e para a transformação**. Contudo, adverte para crenças levianas e sem fundamento.

As seis pessoas

Vemo-nos aqui em um grupo – com a família, o clã ou os amigos. **Além disso:** as seis figuras são um espelho, mostram nossos aspectos masculinos, femininos e infantis, bem como os lados obscuros de cada um. Tudo isso requer explicações.

A nudez

Advertência para a falta de vergonha e a insolência. Encorajamento para encarar os fatos abertamente. Franqueza, honestidade, beleza, verdade e, sobretudo, erotismo e prazer.

As caixas/os túmulos abertos – ❹

Aqui, tudo se abre: problemas que já carregamos há muito tempo; desejos e medos importantes, que ainda não foram resolvidos. **Significados positivos:** despertar, renovação, perdão, renascimento.

As montanhas azuis e brancas –❺

Nirvana ou a "era glacial": desejos e medos antigos se revelam – o caminho para o novo paraíso ou o domínio de problemas antigos e não resolvidos. Encorajamento para a franqueza, a discussão e a mudança.

O céu azul-claro

Céu = reino de Deus, vontade e ideia. **Azul-claro** = céu (aberto); água (clara). **Aspectos positivos:** alegria, descontração, vontade clara, mente clara. **Aspectos negativos:** ingenuidade, êxtase. Além disso: vadiar.

XX – O Julgamento

Devemos considerar literalmente a tradição bíblica do Juízo Final: o dia do Juízo Final é hoje! Trata-se de despertar e receber todas as energias de novo, todos os dias. Isso significa enterrar de fato o que está morto e abrir-se para o nascimento do que virá.

O dia do Juízo Final é hoje.

■ **Significado básico**

Fortes energias atuam sobre você e estão à sua disposição. Você se encontra diante da tarefa, mas também diante da oportunidade da renovação e da mudança. Desejos e medos essenciais, atribuições de culpa e autorrecriminações têm de ser sempre repensados, até o porão do passado e o firmamento do futuro serem esclarecidos. Somente então o renascimento significará uma nova qualidade de vida, e não uma repetição constante.

■ **Experiência espiritual**

O alívio após uma confissão, uma conversa, uma declaração de amor...

■ **Como carta do dia**

Ponha um ponto-final no que já passou. Reconcilie-se ou se despeça...

■ **Como prognóstico/tendência**

Tudo é importante. Você fez uma escolha no passado e agora também é livre para tomar uma nova decisão e escolher o caminho desejado.

■ **Para o amor e o relacionamento**

Aprenda a perdoar sem esquecer – e perdoe sem guardar ressentimento.

■ **Para o sucesso e a felicidade na vida**

Uma interrupção na rotina faz milagres. Desenvolva modelos e visões que satisfaçam as experiências e as necessidades! Você conta com enormes reservas de energia.

Os dez símbolos mais importantes

A postura do personagem

A mulher está virada, desviando o olhar, tranquila e em movimento, parcialmente aberta e parcialmente coberta. Indecisa, sempre em movimento, mas de maneira harmônica, **feliz por abolir as contradições**.

Duas varinhas mágicas – ❶

O *Mago* possui uma varinha mágica (**I, Eu**). O *Mundo* carrega duas varinhas mágicas (**Eu e Você**). Desse modo, os quatro elementos podem ser reduzidos a um denominador comum (sinal da cruz). **Aspecto negativo**: restam incompatibilidades.

As fitas vermelhas – ❷

As duas fitas vermelhas representam lemniscatas, o símbolo do infinito. **Aspectos positivos**: equilíbrio, infinito, vivacidade. **Aspectos negativos**: sincronismo, repetição sem crescimento ou amadurecimento.

A coroa verde – ❸

Coroa de louros e coroa fúnebre. Como coroa fúnebre, ela enfatiza os limites do espaço e do tempo que nos são impostos nesta vida. Como coroa de louros, representa o sucesso que permanece quando utilizamos essas molduras.

A elipse

A elipse tem dois pontos centrais (que combinam com as duas varinhas mágicas). Contudo, às vezes, é preciso sair dos limites a fim de conciliar as inúmeras contradições.

O xale lilás – ❹

"Toda subida a alturas elevadas ocorre em uma escada de caracol" (Francis Bacon). **Além disso**: símbolo da evolução, da cadeia de DNA, "uma fita tecida ao infinito". Também é o símbolo do desenvolvimento pessoal.

Os quatro elementos/evangelistas – ❺

Todo ser humano pode recorrer aos quatro elementos (ver carta X). O que se faz com eles constitui o quinto elemento essencial, a quintessência (ver carta V), que também é representada pela pessoa no centro da imagem.

A nudez (parcial)

Advertência para a falta de nível. Intensificação da energia para encarar os fatos tais como são. Aqui, também representa o nascimento, o casamento, a morte, os pontos de referência no círculo da vida, que sempre estão ligados à nudez.

Como a lenda de Barbarossa

Muitas lendas narram a respeito de uma princesa ou de um gigante presos na terra ou em uma montanha, onde fazem de tudo para tentar escapar e aguardam sua salvação. Para isso também há uma carta.

O mundo da mulher

A soma dos algarismos da carta XXI = III = *A Imperatriz*. Entre elas há 18 passos. 18 = XVIII – *A Lua* = entre outras coisas, salvação. Desse modo, *O Mundo* também mostra a *Imperatriz*, a boa e velha Mãe Terra, em forma liberta.

XXI – O Mundo

Você tem duas varinhas mágicas na mão: trata-se não apenas da distinção ou da ligação de contrastes individuais, mas também dos quatro elementos. Todo ser humano recebe os quatro elementos como dote. O que você faz com eles é sua participação pessoal no mundo.

Totalmente atual!

■ Significado básico

A coroa verde: a proteção e o sucesso que a "Mãe Terra" e o mundo nos oferecem. Somos tomados por uma grande sensação de bem-estar. Essa interpretação é comparável aos ícones medievais, nos quais a pessoa era toda circundada por uma auréola (*mandorla*). Contudo, a coroa também representa um limite, um grande esforço, mas sem grandes avanços, uma rotina monótona, na qual um ser humano corre o risco de cair (emparedado vivo), quando ele falha em sair do comum.

■ Experiência espiritual

Participe do mundo, e o mundo participará de você. Assim, você viverá duas vezes!

■ Como carta do dia

Nesse momento, sua força e sua tarefa consistem em entrar no centro.

■ Como prognóstico/tendência

Você desenvolve uma consciência em relação aos próprios limites e às próprias oportunidades.

■ Para o amor e o relacionamento

No centro do "Mundo" está a imagem da mulher. Isso significa que o homem tem de se reconhecer na mulher para compreender o mundo. E a mulher tem de se reconhecer no mundo para compreender a si mesma.

■ Para o sucesso e a felicidade na vida

Pergunte não apenas o que você pode pedir ao universo; veja o que o universo lhe deu e "pediu" de você.

Os dez símbolos mais importantes

A postura do personagem

De braços abertos como asas e queixo elevado, como se estivesse pronto para alçar voo. No entanto, o "nariz empinado" também significa insegurança e superioridade.

Abismo ou terraço – ❶

Na imagem, não é possível saber se os próximos passos do *Louco* levam a um abismo ou a uma nova rocha, uma área mais profunda. Isso nos permite aprender a prestar atenção ao momento.

A pena vermelha – ❷

Chama e alegria da vida (ver *XIII – A Morte* e *XIX – O Sol*). **Força de vida, potência, vivacidade.** A pena vermelha mostra uma espécie de luz vermelha da vida, a vivacidade da alma e do "coração" do ser humano.

O cãozinho branco – ❸

O animalzinho é um cão de guarda atento. Ou o *Louco* também é atento, mordaz e consciente na força do presente. Outra possibilidade é que o cãozinho surge como advertência e mostra o que falta à pessoa ao seu lado.

As montanhas azuis e brancas – ❹

Nirvana ou a "era glacial": **como *Louco*, o indivíduo é plenamente feliz** – isso significa que retornou ao Paraíso ou que antigos problemas reprimidos predominam. Leve a sério os desejos e os medos concretos!

O céu amarelo

Sol radiante, mas também busca de sentido ("icterícia") e inveja. **Perigo:** aproximar-se demais do sol pode significar risco de queda (delírio). **Aspectos positivos:** esclarecimento e iluminação = consciência poderosa e confiável.

O Sol branco – ❺

Como: rosa branca e cão branco. **Aspectos negativos:** ausência de cor e de consciência, ingenuidade, tábua rasa. **Aspectos positivos:** nirvana, conclusão, limpeza, "mente vazia" (sem identificações nem apegos), liberdade.

O ponto zero

O zero adverte para uma vida "com muitas despesas, mas sem resultados", para talentos não utilizados. Por outro lado: como na matemática, o ponto zero de um sistema de coordenadas = o ponto de referência para tudo = o absoluto.

As botas amarelas – ❻

Aspectos positivos: ao percorrer seu caminho, o *Louco* tem plena consciência de cada um de seus passos. **Aspectos negativos:** ele busca com os pés, e não com o coração e a cabeça. "Quando a cabeça não pensa, o corpo padece."

A trouxa presa ao bastão preto – ❼

O famoso "fardo" que todos têm de carregar: aptidões e tarefas. O bastão preto representa o que dá apoio e liga à terra, nossas necessidades e nossos instintos básicos (ver *Seis de Espadas*).

0/XXII – O Louco

A figura do Louco personifica a porção de abertura e indefinição contida em toda situação – pouco importa quão familiar ou estabelecida ela possa parecer à primeira vista. Ao mesmo tempo, a carta representa início e fim, ingenuidade ou máxima perfeição.

"A vida é como uma caixa de bombons..."

■ Significado básico

O zero como modelo e busca do absoluto: a tranquilidade interna (ver o Sol branco) possibilita a renúncia a modelos externos e expectativas estabelecidas. A tranquilidade e a liberdade criam uma grande abertura. Surgem ligações e *sincronicidades* (simultaneidades) entre o indivíduo e o todo.

Também se pode chamar isso de "princípio Forrest Gump": estar no momento certo, no lugar certo. Mais não se pode conseguir nem provocar. E menos seria uma renúncia às possibilidades existentes.

■ Experiência espiritual

Agora! A força do presente!

■ Como carta do dia

Não se deixe enlouquecer. Não faz sentido preocupar-se com acontecimentos ou consequências que simplesmente não podem ser julgados no exato momento em que são vividos.

■ Como prognóstico/tendência

A realização de desejos essenciais deixa você plenamente feliz no bom sentido.

■ Para o amor e o relacionamento

Dois "Loucos" que se amam também são *dois "zeros"* que se unem em uma *lemniscata* – o oito na horizontal, que representa a infinitude.

■ Para o sucesso e a felicidade na vida

Como "Louco", você é livre para não saber as respostas e aprender com elas.

Os dez símbolos mais importantes

A postura do personagem

As pernas e os braços estão abertos. Os cabelos têm um comprimento médio. O personagem parece desinibido, pronto para agir, guiado por interesses, íntegro, coroado, não limitado nem temeroso. Ele assegura sua capacidade de ação.

A gata preta – ❶

Entre os antigos egípcios, era celebrada como deusa. Mais tarde, na Europa, também representou os tabus da autodeterminação sexual feminina: banalizada como gatinha, difamada como fera indisciplinada.

Os girassóis – ❷

(Na mão e no encosto do trono.) **Aspectos positivos:** força de vida, alegria de viver, dirigir-se sempre para o Sol. **Aspectos negativos:** desconsideração da escuridão. Aqui: ausência de terra e de raízes.

O deserto em duas cores – ❸

Aspectos negativos: desvio; a pessoa se deixa marginalizar e vive em seu próprio mundo. **Aspectos positivos:** força de criação e de transformação. Trabalho com padrões de energia que se alternam. As forças se afunilam (pirâmides).

O sapato vermelho – ❹

O pé esquerdo com o sapato vermelho está para fora, ou seja, o lado inconsciente reage primeiro. **Sapato vermelho:** entusiasmo e vontade até a ponta dos pés. Agir de maneira abrangente, mesmo no caso de ações impulsivas.

O pedestal cinza – ❺

Aspectos positivos: neutralidade, imparcialidade, consciência no movimento. **Aspectos negativos:** falta de participação, insistência em determinados princípios, rigor. "À noite, todos os gatos são pardos"; advertência contra sonhos e princípios inconscientes.

Os leões vermelhos – ❻

Vontade verdadeira. Coragem, mas também medos desnecessários. Como figura dupla/refletida, eles mostram a integração dos próprios opostos, mas também alertam para o egocentrismo e o desinteresse em relação aos outros.

O trono até o céu

Missão e capacidade, céu e terra devem ser unidos um ao outro; portanto, teoria e prática, desejo e realidade. Contudo, o encosto está atrás e, primeiro, tem de ser percebido de maneira consciente.

Amarelo e cinza

(Túnica e deserto.) **Amarelo:** Sol, consciência, estado de alerta. **Mas também:** inveja, ofuscamento e delírio. **Cinza:** ausência de preconceito, imparcialidade. **Mas também:** indiferença, falta de participação.

O céu azul-claro – ❼

Céu = reino de Deus ("Poder do destino") e terra natal da vontade humana ("A vontade do homem é seu reino no céu!"). Agora se trata da feliz união entre o destino e a própria vontade.

Rainha de Paus

Você é como essa Rainha. A carta ressalta sua dignidade régia e, ao mesmo tempo, seu lado feminino. Você possui e desenvolve uma relação majestosa e magistral com as energias do fogo da vida. Toda a sua capacidade como ser humano é necessária, com muita energia e força de vida (sobrevivência).

Agora e a longo prazo, somente o poder ajuda!

■ **Significado básico**

A mestra dos impulsos fundamentais: "O que me impulsiona? O que me atrai? Onde posso ser como sou?" – Como toda carta da corte, essa Rainha mostra uma imagem ideal, uma relação soberana com o elemento em questão, que aqui são os Paus (fogo, impulsos, atos, vontade). Você é como essa Rainha ou poderá ser como ela e/ou encontrar uma pessoa em sua vida que corresponda a ela.

■ **Experiência espiritual**

Confiar na força criadora, mesmo quando, aparentemente, ainda não houver nada ou nada mais der certo. Criar uma vida a partir do nada aparente.

■ **Como carta do dia**

Revele seus segredos! Defenda sua paixão!

■ **Como prognóstico/tendência**

Grandes temas, como vontade de viver e empenho, criatividade e sexualidade, autopreservação e reprodução, carreira e filhos, podem ser esperados, assim como um jogo de "gato e rato" muito pessoal...

■ **Para o amor e o relacionamento**

Providencie jogo, movimento e aventura! Conscientize-se de seu instinto de caçador!

■ **Para o sucesso e a felicidade na vida**

Na verdade, adversários e obstáculos oferecem novas chances, justamente porque você terá de reconsiderá-los.

Os dez símbolos mais importantes

A postura do personagem

Uma mistura de descontração e concentração. O corpo está um pouco virado e exprime uma mobilidade interna. No detalhe, a mão e o punho esquerdos indicam sua prontidão atenta, talvez também sua inquietude.

A salamandra – ❶

Diz a lenda que a salamandra é um animal capaz de atravessar o fogo sem morrer. Portanto, nós também não devemos temer as provas de fogo. Até precisamos delas para saber o que realmente queremos.

A salamandra circular – ❷

O círculo fechado sustenta o motivo do renascimento, que é característico das salamandras. Contudo, ele também alerta para um ciclo de repetições e para o fato de andarmos em círculos.

Os leões pretos – ❸

Vontade, força de vida e vontade de viver. Além de pretos como as salamandras, os leões se encontram atrás do personagem, o que representa o perigo da repressão. "Gato escaldado tem medo de água fria."

Traje e cabelos (touca) laranja avermelhado – ❹

Com a pele e os cabelos, inteiramente preparado para: fogo, vontade, paixão, libido, prazer, espírito de iniciativa com ponderação (amarelo, Sol), inveja ou delírio (amarelo de inveja, o sol como ofuscamento).

Capa amarela com salamandras pretas – ❺

A relação com o Sol e a escuridão tem uma importância decisiva para o bom êxito dos projetos. A tarefa de lidar com luz e sombras e amadurecer com a experiência.

Sapatos verdes e cobre-ombros verde – ❻

Os pés mostram os verdadeiros passos que damos. Os ombros simbolizam nossa responsabilidade. O verde representa fecundidade, crescimento, naturalidade, mas também imaturidade e incompletude...

A coroa de chamas – ❼

Fogo e chamas, grande força de vontade, fogo do entusiasmo. **Aspectos negativos:** idealismo, "frutos da imaginação". Como esse Rei, podemos movimentar e alcançar muitas coisas. Um grande fogo precisa de grandes objetivos, mas que sejam nobres e bem pensados.

O trono até o céu

Trabalho e capacidade, céu e terra devem ser unidos um ao outro; isso significa teoria e prática, desejo e realidade. Contudo, existe o encosto do trono atrás, que tem de ser considerado apenas de maneira consciente.

O céu azul-claro

Céu = reino de Deus e da vontade. **Azul-claro** = céu (aberto); água (clara). **Aspectos positivos:** alegria, descontração, vontade clara, mente clara. **Aspectos negativos:** ingenuidade, ilusão. Além disso: vadiar.

Rei de Paus

*Você é como esse Rei. A carta ressalta sua dignidade régia e,
ao mesmo tempo, seu lado masculino. Você possui e desenvolve uma
relação majestosa e suntuosa com as energias do fogo da vida.
Todas as suas forças como ser humano são necessárias,
com coragem, desejo e força de vontade.*

Não existe nada bom, a menos que seja feito!

- **Significado básico**

O mestre do querer: "O que quero viver nesta vida / com este parceiro / neste momento?" – Como toda carta da corte, esse Rei mostra uma imagem ideal, uma relação soberana com o elemento em questão, que aqui são os Paus (fogo, impulsos, atos, vontade). Você é como esse Rei ou poderá ser como ele e/ou encontrar uma pessoa em sua vida que corresponda a ele.

- **Experiência espiritual**

Atravessar o fogo e se transformar como a salamandra. Viver provas de fogo e uma purificação pessoal.

- **Como carta do dia**

Atravesse o fogo por seus desejos mais íntimos – com habilidade e sem preocupação.

- **Como prognóstico/tendência**

Você será confrontado com desafios e tentações, necessidades imperiosas e grandes liberdades.

- **Para o amor e o relacionamento**

Agir com autonomia e não temer a "morte nem o diabo" lhe trarão felicidade no amor.

- **Para o sucesso e a felicidade na vida**

Teste os objetivos nos quais você se engaja. Os objetivos precisam estar certos, para que você possa mobilizar suas melhores forças.

Os dez símbolos mais importantes

A postura do personagem

Revoltado, impetuoso, feroz, mas também controlado e preciso. Juntos, cavalo e cavaleiro compõem a imagem. Um cavalo castanho-avermelhado é uma "raposa".

Armadura, esporas, elmo e luvas – ❶

Aspectos positivos: a relação cuidadosa com o fogo e os Paus oferece proteção e segurança. **Aspectos negativos:** é como se o indivíduo não conseguisse agir de outro modo, pois está preso em algo, fugindo de algo ou perseguindo algo.

Penacho e cauda vermelhos – ❷

Fogo e chama, vontade, capacidade de se impor, poder, mas também uma mentalidade competitiva. **Além disso:** gato escaldado tem medo de água fria; "cavalo em fuga" – uma pessoa que não pode ser detida.

Túnica amarelo – ❸

Sol, claridade, consciência geral, mas também inveja, ofuscamento, delírio, busca de sentido. **Perigo:** repressão dos lados sombrios. **Aspectos positivos:** iluminação também do reverso = consciência confiável.

A salamandra circular – ❹

Dos tempos antigos provém o mito de que a salamandra é capaz de atravessar o fogo. Nesse sentido, trata-se aqui de provas de fogo, que se referem a atos, intenções e à purificação da vontade.

O deserto – ❺

Vazio, selva, terra inculta. Calor e fogo em nós como aridez, assoreamento, impulsividade ou o território desconhecido da vontade, o nada aparente, a partir do qual criamos algo com nossa vontade.

Com o bastão no deserto

Aspectos negativos: desvio, perigo de ressecamento; vemos um libertino. **Aspectos positivos:** superar um período de carestia, fazer do deserto um jardim: não recuar, mesmo diante de grandes tarefas.

As pirâmides I – ❻

As pirâmides existem em muitas culturas antigas. É como se esse tipo de construção – que outrora fez do homem um ser especial, capaz de andar ereto – se estendesse para o alto.

As pirâmides II

Símbolo genérico da exacerbação, da transformação e da anulação de energia. Símbolo da experiência extrema e de pontos altos. Trabalho de elevação, aprofundamento e síntese em um novo nível.

O céu azul-claro

Céu = reino de Deus e da vontade. **Azul-claro** = nadir; água (clara). **Aspectos positivos:** alegria, vontade clara, mente clara. **Aspectos negativos:** de repente, viver uma grande surpresa, uma ilusão.

Cavaleiro de Paus

Você é como esse Cavaleiro. A carta ressalta sua soberania e, ao mesmo tempo, seu lado masculino. Você possui e desenvolve uma relação magistral e holística com as energias do fogo da vida. Toda a sua determinação como ser humano é necessária, com disposição para o sucesso e o empenho.

Um libertino – um destemido. Ou um benfeitor, que leva vida ao deserto.

■ **Significado básico**

O mestre dos objetivos: "O que quero alcançar? Até onde quero ir? Qual o meu plano para ser feliz?". – Como toda carta da corte, esse Cavaleiro mostra uma imagem ideal, uma relação soberana com o elemento em questão, que aqui são os Paus (fogo, impulsos, atos, vontade). Você é como esse Cavaleiro ou poderá ser como ele e/ou encontrar uma pessoa em sua vida que corresponda a ele.

■ **Experiência espiritual**

Ir em busca de alguma coisa. Atravessar um período de carestia. Suportar uma situação, permanecer fiel (a si mesmo), obter algo.

■ **Como carta do dia**

Sua luz será mais necessária nos lugares mais escuros. Neles, você encontrará trabalhos gratificantes, que requererão e desenvolverão toda a sua força. Ponha-se a caminho!

■ **Como prognóstico/tendência**

Você tem de agir, e na ação reconhecerá o caminho correto.

■ **Para o amor e o relacionamento**

Assumir a condução e toda a responsabilidade lhe trará sorte no amor.

■ **Para o sucesso e a felicidade na vida**

Aperfeiçoe a observação e a participação! A intuição e o conhecimento lhe darão uma noção de quais limites devem ou não ser superados nesse momento.

Os dez símbolos mais importantes

A postura do personagem

Como o Pajem ou Valete, você olha para o topo do grande bastão. O deserto e as pirâmides também simbolizam características importantes de você mesmo.

O tamanho do bastão – ❶

O bastão supera a altura do personagem. O impulso é maior do que a pessoa. Símbolo da imaturidade, mas também da juventude: o impulso para o novo é maior do que a experiência até o momento. Vale para quem é jovem e para quem permaneceu jovem.

A pena vermelha ou a chama – ❷

Aspectos positivos: ter muito entusiasmo, estar empolgado e pronto para se dedicar a grandes objetivos (três pirâmides). **Aspectos negativos:** falso entusiasmo, idealismo, incompreensão; as coisas estão "indo longe demais".

O deserto – ❸

Vazio, selva, terra inculta. Calor e fogo em nós como aridez, assoreamento, impulsividade ou o território desconhecido da vontade, o nada aparente, a partir do qual criamos algo com nossa vontade.

O bastão no deserto

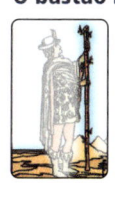

Aspectos negativos: desvio, perigo de desidratação/ressecamento, calor, vazio. **Aspectos positivos:** superar um período de carestia, fazer do deserto um jardim: não recuar, mesmo diante de grandes trabalhos.

As pirâmides I – ❹

Símbolo da inteligência e da ciência, do mistério e da proximidade com os deuses. Procedimento planejado, ação espiritual. Mas também: ladrões de túmulos, saqueadores das pirâmides.

As pirâmides II

Símbolo genérico da exacerbação, da transformação de energia. Símbolo da experiência extrema e de pontos altos. Trabalho de elevação, aprofundamento e síntese em um novo nível.

A posição das mãos – ❺

Pegar algo com as duas mãos. **Aspectos positivos:** agir, assumir a responsabilidade, iniciar, compreender literalmente. **Aspectos negativos:** insegurança, não soltar, agarrar-se a alguma coisa. Além disso: apenas *uma* coisa ao mesmo tempo.

A salamandra circular – ❻

Diz a lenda que a salamandra é um animal capaz de atravessar o fogo sem morrer. O círculo fechado – **aspectos positivos:** renascimento; **aspectos negativos:** ciclo de repetições, andar em círculos.

O céu azul-claro

Céu = reino de Deus e da vontade. **Azul-claro** = céu (aberto); água (clara). **Aspectos positivos:** alegria, vontade clara, mente clara. **Aspectos negativos:** admirar alguém, ilusão.

Pajem/Valete de Paus

Você é como esse Pajem (ou Valete). A carta ressalta sua soberania e, ao mesmo tempo, seu lado jovem, de adolescente. Você desenvolve uma relação magistral e sem ideias preconcebidas com as energias do fogo da vida. Toda a sua habilidade como ser humano é necessária, com muito entusiasmo e dinamismo.

Agarre-se ao que lhe permite crescer.

■ **Significado básico**

A aventura dos impulsos e das ações: "Como posso viver de modo que sinta a vida? (Sem perder o vigor?)" – Como toda carta da corte, esse Pajem (Valete) mostra uma imagem ideal, uma relação soberana com o elemento em questão, que aqui são os Paus (fogo, impulsos, atos, vontade). Você é como esse Pajem (Valete) ou poderá ser como ele e/ou encontrar uma pessoa em sua vida que corresponda a ele.

■ **Experiência espiritual**

Admirar-se. Desenvolver-se e crescer. Superar-se.

■ **Como carta do dia**

Lembre-se dos momentos reais de felicidade e alegria em sua vida. Em seguida, decida à luz de suas experiências felizes o que quer fazer nesse momento.

■ **Como prognóstico/tendência**

Despeça-se da rotina e dos automatismos. Há forças novas em você e ao seu redor, pelas quais você se guiará.

■ **Para o amor e o relacionamento**

A alegria de viver e de *existir* sempre presenteia você com coragem renovada e vigor!

■ **Para o sucesso e a felicidade na vida**

Tenha cuidado com "emoções" falsas e explosões de energia que vão longe demais e conduzem você ao deserto (vazio, erro).

Os dez símbolos mais importantes

A carta como espelho

Somos como o bastão: surgimos das forças da Terra e da luz, somos uma porção da força da vida, rebentos do passado, energia do presente e raiz do futuro. Sem rebentos, somos como um pedaço de madeira sem vida.

O bastão I

A madeira que alimenta o fogo. Ter sucesso; o fogo da vida dentro de nós. As ações e a vontade se formam a partir dos impulsos. Provas de fogo, purificação e enobrecimento da vontade.

O bastão II

Símbolo fálico, vassoura de bruxa, paulada, muleta, suporte. Igualmente: crescimento, envelhecimento, amadurecimento, descendentes. **Fogo:** conversão de massa em energia, de matéria bruta em matéria sutil.

A mão saindo da nuvem – ❶

Você foi presenteado com o bastão. Você é um presente – para si mesmo e para o mundo. Aceite-o e faça algo com ele. Entenda-o, aja com ele e acenda seu fogo.

O céu cinza

Aspectos positivos: neutro, imparcial, tranquilo, indiferença consciente, sem preconceitos. **Aspectos negativos:** inconsciente, apático, desinteressado; em vez de "fogo", "nada acontece" e/ou "fogo-fátuo".

As três árvores – ❷

O ser humano como cidadão de dois mundos (copa no céu, raiz na terra). Crescimento, envelhecimento, amadurecimento, descendentes. Pais e filhos, autorrealização e reprodução, autonomia e comunidade.

Rio/paisagem – ❸

Assim como o rio se encontra em constante mudança e movimento, mas justamente por isso permanece o mesmo, você também tem de deixar sua energia fluir para permanecer fiel a si mesmo.

Castelo/burgo – ❹

Advertência contra o isolamento e o esforço de dominação. Encorajamento para a autoconfiança e a estabilidade no que se refere à própria existência. Além disso: colocar a própria existência em um contexto maior.

As 18 folhas verdes – ❺

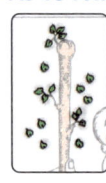

O número 18 remete à carta *XVIII – A Lua*: a redenção é possível. A energia do fogo para renovar a vida e permitir que você continue a crescer é o que também está representado nas folhas verdes.

Oito folhas no ar – ❻

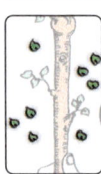

As oito folhas no ar ressaltam a chance de soltar-se, de iniciar alguma coisa e explorar suas possibilidades entre o céu (ideal) e a terra (realidade). Ver *Oito de Paus*.

ÁS DE PAUS

Um presente da vida: o bastão representa sua força de vida e de crescimento. Com ele, você sempre mudará, como o rio na imagem, mas permanecerá fiel a si mesmo. Além disso, você se elevará ao céu tal como o burgo, irradiando-se pelo mundo e nele fixando sua residência.

Vida longa ao que nos permite crescer!

■ **Significado básico**

O bastão é a madeira que alimenta o fogo. Os rebentos no bastão exprimem vivacidade e crescimento. Aqui, trata-se de impulsos e ações, de poder, sucessos, aventura e tudo o que o fogo da vida em nós permite intensificar. O conceito fundamental é a vontade, forjada e purificada no fogo. O Ás lhe oferece um acesso elementar a essas energias do fogo e da vontade. Não as deixe escapar!

■ **Experiência espiritual**

Atravessar o fogo por aquilo que se ama. Crescer. Conquistar algo que nunca se alcançou.

■ **Como carta do dia**

Tome uma iniciativa! Entenda o que está se desenvolvendo!

■ **Como prognóstico/tendência**

Toda carta de Paus representa um convite a fazer algo (ativamente) ou deixar que algo aconteça (passivamente). Na ação, você encontrará a resposta procurada.

■ **Para o amor e o relacionamento**

A vontade de si mesmo, de se superar e de existir para os outros são matéria explosiva, mas também combustível para um relacionamento.

■ **Para o sucesso e a felicidade na vida**

Tome medidas enérgicas para pôr em prática suas legítimas reivindicações. Mostre quem você é e o que é importante para você.

Os dez símbolos mais importantes

A postura do personagem

Os dois bastões refletem energias importantes, impulsos ou "chamas" – contradições em você ou entre você e o mundo, aquelas que separam e as que levam a um denominador comum.

Os dois bastões

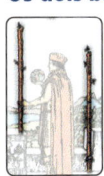

Trata-se de uma questão fundamental na esfera da vontade e do impulso, como o princípio do prazer e o senso de dever, profissão e família, autoafirmação e dedicação, duas pessoas amadas, dois caminhos que podem ser percorridos...

A esfera/o globo terrestre – ❶

A bola está com você! Analise como as coisas estão relacionadas no mundo. Imagine. **Advertência:** não considere tudo da mesma forma. Um modelo não mostra toda a realidade.

A grande extensão de água – ❷

Construído perto da água. Seus objetivos se nutrem de suas grandes emoções e paixões, que aqui são simbolicamente representadas como uma grande extensão de água. O que move você internamente? O que o move e para onde você quer ir?

Paisagem/grande baía – ❸

Por outro lado, é necessário distribuir as forças com inteligência. É preciso conhecer os dois lados (bastões), mas optar por um caminho concreto e colocar sua bola para rolar antes que o tempo passe.

A montanha azul – ❹

Como paisagem da alma, o "ambiente" mostra que tudo precisa de seu lugar, colinas, profundidades, proximidade e distância. Desse modo, a montanha azul consegue demonstrar o que simboliza: o casamento entre céu e terra, entre desejo e realidade.

A ameia – ❺

Boa posição, panorama, domínio, tranquilidade e paciência. Mas também distanciamento, espera, hesitação e indecisão. Aqui, significa cuidar de si mesmo demonstrar interesse.

Cruz, lírio e rosa – ❻

Mostram as três cores clássicas da alquimia: da matéria bruta (preto), passando pela purificação/liquefação (branco) até a energia sutil ou elevada (vermelho). Conversão de energia, domínio habilidoso de tarefas.

O traje

Tons em vermelho e bege, bem equilibrados: vontade controlada, vontade de domínio próprio, ser senhor da própria vida. **Aspecto positivo:** gosto próprio. **Aspectos negativos:** unilateral, pouca variação, pouco espaço para os outros.

O céu cinza

Aspectos positivos: neutro, imparcial, tranquilo, consciente (corresponde à posição central entre os dois bastões). **Aspectos negativos:** inconsciente, apático (corresponde ao bastão atrás do personagem, que por ele não é percebido).

Dois de Paus

*Ser autônomo; agir por conta própria; colocar sua bola em campo;
desenvolver um modelo próprio, uma visão pessoal do todo;
ser independente. Mas também: vítima das próprias ideias, idealismo,
confusão entre modelo e realidade, superioridade, indecisão.*

Não faça as coisas pela metade!

■ **Significado básico**

Dois bastões representam energias fundamentais e impulsos importantes, que se opõem ou se complementam. Isso também se refere a intenções banais. Todavia, também vale para interesses essenciais e conflitos mais acirrados. Quem se esquece de um dos dois bastões produz uma obra malfeita (e fracassa). Quem resolve conflitos trabalhando gradualmente obtém bons resultados (e é inteligente).

■ **Experiência espiritual**

"Qual é minha participação no mundo? O que está ou não em meu poder?"

■ **Como carta do dia**

Não se deixe arrastar para uma situação complicada. Espere até sua decisão estar consolidada. Assim, você não hesitará por mais tempo. Aja com todo o seu poder.

■ **Como prognóstico/tendência**

Você é desafiado por grandes tarefas. Em suas questões atuais se desenvolve algo novo, que só você poderá descobrir.

■ **Para o amor e o relacionamento**

Com passos conscientes rumo ao destino!

■ **Para o sucesso e a felicidade na vida**

Grandes objetivos também podem ser superados. Deve-se responder na mesma moeda. O sucesso depende da integridade de sua vontade e de seu entusiasmo.

Os dez símbolos mais importantes

A postura do personagem

Somente aqui vemos um personagem que mostra frontalmente as costas ao observador. **Aspectos positivos:** "A todo vapor!". Toda a atenção voltada para a frente! **Aspectos negativos:** fuga para a frente, dar as costas a si mesmo.

Duas margens – ❶

Os bastões marcam diferentes impulsos, objetivos e intenções em você. E as duas margens, uma na frente da outra, marcam a origem e o futuro, o conhecido e o desconhecido, o mundo antigo e o novo em sua vida.

As costas do personagem – ❷

Dois bastões se encontram atrás do personagem, que os conhece ou os ignora. **Aspecto positivo:** você supera as contradições e os obstáculos. **Aspecto negativo:** você evita lidar com contradições desagradáveis.

Mar dourado – ❸

Iluminar, trazer alegria, momento feliz, perspectivas alegres. **Mas também:** reflexo, ofuscamento, ilusão. Por um lado, existe a perspectiva de uma boa passagem. Por outro, o mar parece um deserto, e seus planos correm o risco de ser soterrados.

Os navios – ❹

Navios a vela – relacionados ou não ao personagem? Teria ele enviado seus navios a algum lugar? Teria a intenção de partir em uma viagem marítima? Estaria esperando alguém vir buscá-lo? Os navios partiram sem ele?

A outra margem – ❺

Terra nova, território desconhecido: descoberta de si mesmo, novas possibilidades. **Mas também:** distância, distanciamento. O essencial aqui é o contato consigo mesmo: a pessoa no centro se conhece? O que está buscando? O que a move?

O céu "amarelo sujo" I – ❻

Somente essa carta mostra um céu, no qual o amarelo e o preto parecem misturados. Amarelo e preto representam o Sol e a escuridão, as polaridades da vida em geral, o consciente e o inconsciente.

O céu "amarelo sujo" II

Essa mistura significa oportunidade e trabalho. **Aspectos positivos:** supressão de contradições, integração de oposições. **Aspectos negativos:** as contradições não serão abordadas, mas determinarão a atmosfera.

Traje/armadura

A armadura lembra a carta *IV – O Imperador*: estar armado ou isolar-se. O manto vermelho e verde representa os desejos profundos, que se realizam na fecundidade e na naturalidade ou na imaturidade e na ingenuidade.

A faixa na cabeça – ❼

Como na carta *I – O Mago* e no *Nove de Paus*: estar equipado; vigilância, atenção ao que se passa ao redor ("radar"). Requer justamente a perspectiva dos lados anterior e posterior de tudo, inclusive de si mesmo.

Três de Paus

Como você vê essa imagem? (1) Alguém está feliz com a perspectiva de travessia. (2) Alguém chegou tarde demais. Os navios já partiram. (3) De um ponto elevado, alguém observa o curso dos acontecimentos. (4) Alguém aguarda alguma coisa ou tem a esperança de que algo acontecerá. (5) Alguém não sabe o que fazer. (6) Alguém se afastou...

Anseio por novas margens?

■ **Significado básico**

Uma imagem do espírito empreendedor, do anseio e de uma realização preciosa. A arte de estar em conexão com o mundo e de se sentir em casa em muitas praias. Dois bastões se encontram atrás do personagem: alerta para impulsos e motivos inconscientes, que agem pelas costas. O rosto virado: alerta para uma fuga para a frente. Solução: olhar o próprio rosto. Saber o que faz e por que o faz.

■ **Experiência espiritual**

"O que está acontecendo nesse lugar? O que isso tem a ver comigo?"

■ **Como carta do dia**

Esclareça o que pretende alcançar, o que os outros esperam de você, qual o efeito de suas ações, o que você deixou de fazer ou perdeu, quem espera por você, aonde quer chegar...

■ **Como prognóstico/tendência**

Tenha um pouco de paciência, e você encontrará uma boa solução, que ampliará nitidamente sua capacidade e seu raio de ação.

■ **Para o amor e o relacionamento**

Não espere que alguém venha buscá-lo. Aja por conta própria! Reserve um tempo para si mesmo e para o que é essencial.

■ **Para o sucesso e a felicidade na vida**

Amplie seu campo de visão. Assim, você verá a si mesmo e as possibilidades sob uma nova luz.

Os dez símbolos mais importantes

As proporções

Os bastões são muito altos ou os personagens são muito pequenos. **Advertência:** algo torna você pequeno, você é prejudicado e se perde em meio à confusão. **Aspectos positivos:** alta energia, vida em um lugar rico em energia.

A perspectiva

O portão e a linha dupla também marcam um limiar. Os dois personagens no centro podem estar convidando e recebendo o observador ou se despedindo dele. Podem estar acenando de alegria ou pedindo ajuda.

As duas figuras no centro – ❶

Para muitos observadores, em razão de suas roupas e de sua postura, essas duas figuras se assemelham ao personagem da carta *XVI – A Torre*. Em comum, a *Torre* e essa carta têm o fato de que tratam de altas energias.

Flores – ❷

Das cartas do naipe de Paus, apenas essa mostra flores: uma *vontade florescente*. Trata-se de um pedaço de céu na terra, *high energy*, casamento, ou então de expectativas muito grandes; vício em jogo, obsessão que rende frutos.

Frutos – ❸

Apenas nessa carta do naipe de Paus vemos frutos. **Aspectos positivos:** uma vontade fecunda. Objetivos importantes serão estabelecidos e alcançados. **Aspectos negativos:** os frutos estão muito distantes para os personagens, o risco de fracassar é muito elevado.

A guirlanda – ❹

Aspectos positivos: símbolo do sucesso, do prazer, da fecundidade (flores e frutos). **Aspectos negativos:** apenas dois bastões estão interligados; parte das energias e dos impulsos não será integrada nem realizada.

O pequeno grupo – ❺

Dançarinos, círculo de dança, pessoas celebrando uma ocasião. A imagem não deixa claro do que se trata. Também podem ser comerciantes, pessoas excluídas, que não podem entrar no burgo. Por um lado, vida e vivacidade. Por outro, atividade sem objetivos mais elevados.

A ponte – ❻

Tal como a guirlanda, é um símbolo da superação de impulsos, ações e intenções (= bastões). Também remete ao *Cinco de Copas*. Aqui, a ponte é bem pequena. Precisa de atenção.

O burgo

Encorajamento para a autoconfiança e a estabilidade. Alerta para o isolamento e a falta de liberdade. O reconhecimento dos interesses próprios e alheios cria a verdadeira proteção: pontos em comum confiáveis.

O rosto dos personagens – ❼

É difícil distingui-los. O rosto representa a identidade e a autoestima, que poderiam lhe faltar na sombra do "burgo". É necessário tomar a iniciativa e colocar as contradições na dança.

Quatro de Paus

Uma imagem das altas energias. Um estilo de vida animado, com comemorações, dança da vida – cheio de energia, próspero, prazeroso e construtivo. Mas também: nenhuma imagem mostra figuras tão pequenas. Em nenhum outro lugar o risco de ser prejudicado ou se tornar um personagem secundário é tão grande como aqui.

Celebração ou retórica vazia? Prazeres elevados e grandes expectativas? Recepção ou despedida?

■ **Significado básico**

Um estilo de vida animado, com comemorações, dança da vida e a vida em um lugar rico em energia. A carta representa as altas energias que nos desafiam e ativam grandes forças para experiências intensas de vida. Vivê-las como momentos felizes dependerá do fato de toda pessoa envolvida poder envolver-se e desenvolver-se. O tamanho dos personagens também adverte que, em meio à confusão, alguém pode sair prejudicado.

■ **Experiência espiritual**

Coragem para deixar algumas coisas de lado! Envolver-se e colocar as contradições na dança!

■ **Como carta do dia**

Suas questões atuais requerem um grande empenho de energia. Internamente, é preciso crescer em profundidade para poder superar novas alturas na vida externa.

■ **Como prognóstico/tendência**

Você reconhecerá e abandonará objetivos inalcançáveis e expectativas exageradas.

■ **Para o amor e o relacionamento**

Coração quente e cabeça fria: é decisivo deixar um espaço para o crescimento independente de cada pessoa envolvida.

■ **Para o sucesso e a felicidade na vida**

Ouse levar uma vida mais animada e receber mais da vida. Isso lhe permitirá compreender melhor a vida e lhe abrirá as portas para novos sucessos!

Os dez símbolos mais importantes

A postura do personagem 
Nível do objeto (ver p. 19): você vê um grupo, uma equipe na profissão, em família, na vizinhança. Você está envolvido nele ou observa a disputa. **Nível do sujeito:** cinco chamas ardem em você e lutam umas com as outras.

Conflito/disputa I – ❶ 
Atrito, calor, alcançar mais coisas juntos. **Mas também:** ressentimento, mesquinhez. – Aikidô, tae kwon do, mikado. – Carpinteiros, construtores de andaimes. – Canteiro de obras, oficina, caos criativo, falta de concepção.

Conflito/disputa II 
Para que a vontade não perca seu vigor, os diferentes lados em nós, bem como entre nós, devem lutar diariamente uns com os outros. Não devo estabelecer hoje o que vou querer amanhã.

Personagens jovens 
Essa carta nos mostra como adolescentes. Um encorajamento a continuar a crescer (em qualquer idade) e a lutar por objetivos e valores. Advertência para conflitos que nos impedem de nos tornarmos adultos.

Arruaceiros I 
Homens (jovens) que competem pelo "maior" bastão. *Playboys*, crianças, viciados em jogo, capitão de time e desmancha-prazeres. **Arruaceiros como metáfora:** forças que, por si só, não são mais fortes do que os outros...

Arruaceiros II 
Aqui se encontram: a vontade inconsciente e consciente, ativa e passiva, própria e alheia; a vontade do ser humano e o poder do destino. Esse jogo de forças não é uma brincadeira de criança.

O chapéu do personagem vermelho – ❷ 
O chapéu vermelho (ver *Pajem/Valete de Paus* e "Chapeuzinho Vermelho"): tenha cautela! **Além disso:** fechado em cima. **E ainda:** colocar algo na cabeça. Você compreende o que quer. Faça o que deve ser feito.

Chão amarelo-esverdeado – ❸ 
Ao contrário do que ocorre em outras cartas do naipe de Paus, aqui não se vê nenhum deserto. **Aspectos positivos:** fecundidade; aqui, algo pode crescer, há natureza e vivacidade. **Aspectos negativos:** ainda ser inexperiente, imaturo; não estar pronto.

As cores das roupas – ❹ 
Os trajes dos personagens remetem a esses diferentes aspectos ou "cores" da vontade. Seu movimento, sua constante atitude de se medir e se comparar é a quintessência de uma formação vibrante da vontade.

O céu azul 
Céu = reino de Deus e da vontade. **Azul-claro** = céu (aberto); água (clara). **Aspectos positivos:** alegria, descontração, vontade clara, mente clara. **Aspectos negativos:** ingenuidade, ilusão. **Além disso:** vadiar.

Cinco de Paus

Jogo, competição, confronto. O Cinco de Paus também representa a quintessência do elemento fogo: nossa vontade em seu desenvolvimento e movimento. Diferentes interesses e inclinações – entre as pessoas e/ou em uma pessoa – lutam ou competem uns com os outros.

Quintessência dos bastões: obter sucesso brincando (Jean Gebser).

■ **Significado básico**

Carta do jogo e da formação permanente da vontade. Ao mesmo tempo, a imagem mostra não apenas o canteiro de obras (da vontade), mas também nossa vontade, nosso querer em sua melhor forma: como altos e baixos, permanente "atrito", fluxo de energia, motor interno, fonte de vivacidade.

■ **Experiência espiritual**

"O ser humano só brinca quando é ser humano no pleno sentido da expressão, e só é inteiramente ser humano quando brinca" (Friedrich Schiller).

■ **Como carta do dia**

Quais esforços da vontade correspondem aos desejos reais e, por isso, podem mover algo?

■ **Como prognóstico/tendência**

Em suas relações privadas e em suas tarefas profissionais, novas alternativas esperam que você as percorra e as reveja.

■ **Para o amor e o relacionamento**

Arranje um campo de ação no seu cotidiano: tirar algumas horas de folga ou decorar o próprio quarto podem ajudar.

■ **Para o sucesso e a felicidade na vida**

Quais atos de vontade ou força são superficiais por você querer forçar algo que não é mais ou ainda não é atual?

Os dez símbolos mais importantes

A postura do personagem

Os personagens mostram energias, forças e fraquezas ativas e passivas, conscientes e inconscientes: você mesmo dentro de um grupo ou tropa. E/ou suas energias de automotivação, a condução de sua vida.

O grande cavaleiro

Comandante, condutor, centro de comando, vencedor, símbolo da vontade consciente. **Aspectos positivos:** vontade verdadeira, diretriz, liderança uniforme, boas notícias. **Aspectos negativos:** petulância, presunção, arrogância, afetação por pertencer a determinada classe social.

O cavalo cinza – ❶

Impulsos; natureza instintiva; o que o cavaleiro carrega e move; símbolo da vontade inconsciente. **Aspectos positivos:** vitalidade, força de vida elevada e vivacidade aumentada. **Aspectos negativos:** animalesco, tolo, guiado pelos impulsos.

A infantaria visível – ❷

Vontade de participar, de adaptar-se ou de seguir de maneira consciente. **Aspectos positivos:** engajamento voluntário, participação ativa, apoio consciente. **Aspectos negativos:** dependência, falta de autonomia, seguidor.

A infantaria invisível (atrás do cavalo) – ❸

Quase imperceptível atrás do cavalo, reconhecível sobretudo junto aos três bastões: uma vontade mais sombria, que anuncia decisões e simplesmente deixa as coisas acontecerem.

A dupla coroa de louros – ❹

Coroa da vitória e coroa fúnebre. Pense nas vítimas! **Mas também:** a recompensa pelos esforços. **Sua missão, sua capacidade:** a arte de orientar muitos interesses a um objetivo coerente e colocá-los em movimento junto com outras pessoas.

Cavalgada do anel – ❹

Bastão e anel também determinam o antigo uso da cavalgada do anel: um culto à fecundidade, simbólico para a união do masculino e do feminino. **Além disso:** a coroa no bastão – símbolo do eu superior.

O manto verde – ❻

Aqui, há algo em movimento que ainda não amadureceu. **Aspectos positivos:** muito crescimento, natureza, frescor, esperança. **Aspectos negativos:** muita imaturidade, falsa esperança (idealismo), impulsos velados (cavalo coberto).

A roupa vermelha e amarela

Vermelho e amarelo: coração e Sol. **Aspectos positivos:** entusiasmo, vontade, paixão com prudência, saber e luminosidade. **Aspectos negativos:** entusiasmo, vontade, fervor com inveja ou delírio, repressão da escuridão e dos lados noturnos.

O céu azul

Céu = reino de Deus e da vontade. **Azul-claro** = céu (aberto); água (clara). **Aspectos positivos:** alegria, descontração, claridade. **Aspectos negativos:** ingenuidade, ilusão, viagem ao indeterminado.

Seis de Paus

Em grupo, você é forte! Conseguirá conciliar os interesses envolvidos. Formulará sua vontade de maneira tão convincente que colocará todas as suas forças em movimento. Assim, você também receberá apoio por parte dos outros e/ou poderá unir-se ao sucesso dos outros.

A todo vapor! Juntos na alegria e na tristeza!

■ **Significado básico**

O cavaleiro com a coroa de louros, mas também a infantaria, o cavalo e os bastões são um espelho: para você mesmo e/ou para diversas pessoas envolvidas em sua situação atual. Nesse momento, para ter bom êxito, é importante que vocês comecem a realizar juntos muitos interesses. Se você respeitar suas forças *e* suas fraquezas, só poderá vencer!

■ **Experiência espiritual**

Participar de um projeto maior do que qualquer outro individual. Ganhe com progressos em conjunto.

■ **Como carta do dia**

Assuma a liderança e a responsabilidade. Siga objetivos dignos!

■ **Como prognóstico/tendência**

Continue a desenvolver suas forças e sua vontade nas questões atuais. Meias-medidas serão superadas!

■ **Pelo amor e pelo relacionamento**

Saia da concha! Mostre suas forças e fraquezas, inclusive no amor e na sexualidade.

■ **Para o sucesso e a felicidade na vida**

Quando há apenas um vencedor, são muitos os perdedores. Você alcançará seu maior sucesso quando todos/muitos ganharem alguma coisa. Não se dê por satisfeito com menos.

Os dez símbolos mais importantes

A postura do personagem 
Quer se trate aqui de um jogo, quer de um conflito, os bastões e os diferentes níveis na imagem sempre terão a ver com seu desenvolvimento e sua presença no momento.

A elevação I – ❶ 
Aspectos positivos: boa posição, localização segura, vantagem, perspectiva, superação da malícia e da mesquinhez. **Aspectos negativos:** prepotência, petulância, desprezo dos "inferiores", compulsão por controle.

A elevação II – ❷ 
Como geralmente os bastões tratam de energias (vontade, impulsos e ações, tendências), a imagem também reproduz diferentes níveis, diferentes planos de energia ou motivação.

A perspectiva de baixo para cima 
Você trabalhou duro para subir na vida. Os seis bastões inferiores marcam a escada (carreira) que você superou e/ou as tarefas que tem de resolver para ser conduzido a um novo nível de energia.

A perspectiva de cima para baixo 
Você vai até o fundo. Aqui, é importante fincar estacas, estabelecer marcações, enraizar seus projetos. Além disso: "descer do pedestal", entrar em contato com as banalidades do cotidiano.

A posição do braço – ❷ 
Apenas uma coisa de cada vez, concentração em uma tarefa principal. – Possível postura defensiva, mas também pegar o bastão por cima. Paralelos com a carta *I – O Mago*: "O que está em cima é como o que está embaixo".

A elevação III 
Experiência extrema; ápice; a ligação do desejo com a realidade. Juntos, os sete bastões podem ser vistos como um grande triângulo, que ultrapassa o personagem acima e abaixo.

Dois sapatos distintos – ❸ 
Ligação entre impulsos sofisticados e impulsos tempestuosos. **Aspecto positivo:** vivacidade intensificada. **Bota:** proteção na selva; simbolicamente, também representa falta de coragem e malícia. **Sapato:** vida na civilização.

As cores verde e amarelo – ❹ 
Aspectos positivos: fecundidade e crescimento. Esperança justificada. Aqui, tudo é fresco. Reencontro com a (própria) natureza e com o estado selvagem. **Aspectos negativos:** imaturidade e inveja. Inquietação, ser impulsionado, falsa ambição.

O céu azul 
Céu = reino de Deus e da vontade. **Azul-claro** = nadir; água (clara). **Aspectos positivos:** alegria, vontade clara, mente clara. **Aspectos negativos:** ter uma surpresa desagradável; ilusão.

Sete de Paus

À primeira vista, trata-se de uma luta e de um conflito. No entanto, os sete bastões também podem pertencer ao personagem. A carta nos mostra igualmente como nos preparamos para um novo nível – às pressas, na luta (conosco ou com os outros) ou abandonando o que é antigo e implantando o novo.

O que aconteceu ontem e o que acontece hoje são coisas totalmente diferentes!

■ **Significado básico**

Essa é a carta do trabalho com a energia. Quando compreendemos e assumimos o controle do que está acontecendo, podemos nos *desenvolver*: trabalhar para vencer na vida e nos aprofundarmos em nós mesmos. Esse é um estímulo para crescer em personalidade e valorizar a própria luz. Se compreendermos o que temos em mãos, veremos que a imagem é uma advertência contra bloqueios, resistências e sacrifícios desnecessários.

■ **Experiência espiritual**

Queimar a jangada depois de alcançar a nova margem!

■ **Como carta do dia**

Os fatos podem ser alterados com a sua intervenção. Eles são obra da ação...

■ **Como prognóstico/tendência**

Nesse momento, ativismo e ambição só prejudicam. Um novo nível e um emprego não tenso e ponderado das forças são decisivos.

■ **Para o amor e o relacionamento**

Tudo o que vive cresce. E, às vezes, o que cresce dá saltos em seu desenvolvimento. Nesse momento, é disso que se trata também no amor.

■ **Para o sucesso e a felicidade na vida**

Você se encontra em um caminho de desenvolvimento e aprende a lidar com tarefas maiores e com energias cada vez mais diversificadas.

Os dez símbolos mais importantes

O personagem

Essa é uma das poucas cartas que não mostra nenhum personagem. **Aspectos positivos:** superar-se; fazer algo que normalmente não se faria; empenho sem ego. **Aspectos negativos:** perda de si mesmo, extenuar-se, muito barulho por nada.

Perspectiva I – ❶

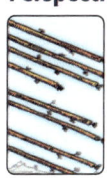

Os oito bastões estão aterrissando. Algo se aproxima deles. – **Ou:** os oito bastões estão decolando, como oito dardos, lanças ou flechas. Algo quer se mover e se elevar!

Perspectiva II

Uma oitava, uma escala de energias. **A imagem da Escada de Jacó do Antigo Testamento:** os anjos constroem para Jacó uma escada, que ele pode percorrer entre o céu e a terra.

Perspectiva III

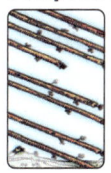

Oito bastões que, como uma cerca ou barricada, obstruem o caminho para a casa/o castelo na outra margem do rio. **Mas também:** as asas do entusiasmo, boas vibrações, "afivelar o cinto para decolar".

Perspectiva IV

Não se trata de decolagem nem de aterrissagem, mas, sobretudo, do fato de os bastões estarem ao ar livre e em movimento. **Desse modo, significam:** percorrer seu caminho, assumir a responsabilidade, mas não "prender-se a alguma coisa", ter autonomia.

Ordenação paralela dos bastões

Coordenação de múltiplas tarefas, inclinações e interesses. Como um maestro ou um domador, você conseguirá realizar as mais diferentes tarefas. **Aspectos negativos:** uniformidade, monotonia.

A paisagem ampla – ❷

Um campo extenso, grandes tarefas; há muito para mover e superar. O rio representa a continuidade na mudança permanente, a ligação entre a nascente e a foz. Fluir com energia.

O castelo/a casa – ❸

Busca por um lar. Por um lado, a casa é a meta dos esforços, que, por sua vez, são a ponte para a meta. Mas também: o lar está onde o indivíduo consegue empregar todas as suas energias.

Amarelo e verde – ❹

Fecundidade e crescimento. Mas também alerta para imaturidade e inveja (falso idealismo, fanfarronice). Os "oito bastões" podem simbolizar projeções.

Céu azul/rio azul – ❺

Azul: emoção, alma, espírito, frio, saudade, intensidade, ingenuidade. **Aspectos positivos:** alegria, leveza, vontade clara, mente clara. **Aspectos negativos:** admirar alguém ou alguma coisa, ilusão, êxtase.

OITO DE PAUS

Muito movimento, uma escala (musical) de interesses simultâneos e desenvolvimentos paralelos. Ao mesmo tempo, uma das cartas nas quais não se vê nenhuma pessoa. Alguém move muitas coisas, mas acaba perdendo de vista a si mesmo. Ou então: alguém está totalmente concentrado em suas tarefas e constrói uma ponte entre o céu e a terra.

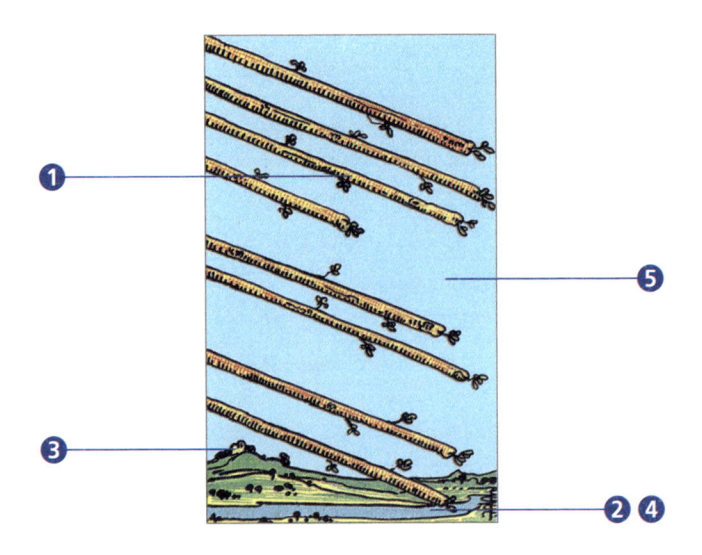

"Fique no tapete – ele já vai voar!" (Johannes Fiebig)

■ **Significado básico**

Os bastões personificam as energias vitais – impulsos e desejos fazem o fogo interno arder. O *Oito de Paus* representa um modelo de muitas energias. Essa é uma carta da transmissão de múltiplas energias. Como na sobreposição de vários campos magnéticos, as energias envolvidas podem intensificar-se, bloquear-se ou anular-se reciprocamente.

■ **Experiência espiritual**

Aceitar sua asa quebrada e aprender a voar novamente!

■ **Como carta do dia**

Grandes tarefas requerem um grande empenho; aqui, sobretudo uma intuição e uma atenção elevadas.

■ **Como prognóstico/tendência**

Conte com mudanças em muitos níveis, mas também com uma troca elevada de energia, que torna muitas coisas mais fáceis e possíveis.

■ **Para o amor e o relacionamento**

Tente obter um bom fluxo de energia e boas "vibrações" ao lidar consigo mesmo e com os outros.

■ **Para o sucesso e a felicidade na vida**

Conscientize-se do que realmente move você e os outros. Assim, você conseguirá conciliar muitas energias sem nenhuma manipulação.

Os dez símbolos mais importantes

A postura do personagem

Aqui, é necessário administrar uma grande variedade de bastões (impulsos, ações, objetivos da vontade e do crescimento). **Aspectos positivos:** você dá um passo à frente. Tenha coragem para deixar algumas coisas de lado! **Aspectos negativos:** a última lacuna ainda será obstruída.

A distribuição dos bastões I – ❶

Oito bastões e uma paisagem verde encontram-se atrás do personagem, que talvez não tenha consciência deles ou não os tenha percebido. Talvez o consulente sinta que algo está acontecendo há muito tempo, mas não entende o que é.

A distribuição dos bastões II

No caso positivo, o personagem conhece seus nove bastões, escolheu um, conscientemente, e deu um passo à frente. **Metaforicamente:** você escolhe seu bastão preferido.

A distribuição dos bastões III

Colocar em prática sua tarefa e sua capacidade, muitos impulsos, ações e acontecimentos, bem como permitir diferentes desenvolvimentos (diferentes alturas dos bastões).

A paisagem verde – ❷

Verde é a cor da natureza, da vivacidade, do crescimento e, portanto, igualmente a cor da esperança. Por outro lado, o verde também pode indicar imaturidade, inexperiência e incompletude. Tudo isso atrás do personagem.

O chão cinza

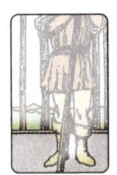

Aspectos positivos: lugar neutro, além do preconceito e do hábito. Serenidade. **Aspectos negativos:** ação inconsciente, indeterminação, apatia, sobretudo em relação aos bastões e à paisagem verde atrás.

A posição das mãos – ❸

Apenas uma coisa de cada vez. Pegar com as duas mãos. **Aspectos positivos:** agir; assumir a responsabilidade; iniciar; literalmente, compreender. **Aspectos negativos:** insegurança, não soltar, agarrar-se a alguma coisa.

A faixa na cabeça – ❹

Atadura, ferimento, busca pela cura, remover pensamentos. Metaforicamente: orientação "enviesada". **Tarefas:** estar preparado e vigilante; prestar atenção ao que ocorre ao redor, como um "radar".

O olhar – ❺

O olhar pode expressar medo intuitivo ou vigilância intuitiva. **Intuição:** do latim, olhar protetor, percepção abrangente. É preciso perceber a situação para compreender o que está acontecendo.

A postura do personagem II

Possíveis descrições: espião, esportista, caçador, lutador, alguém que está de tocaia, aventureiro, solitário. **Aspectos positivos:** uma pessoa muito vigilante e atenta. **Aspectos negativos:** indeciso, espectador a distância, mero observador.

Nove de Paus

Essa é a imagem de alguém que sonda o terreno, talvez também do medo ou da atenção: muita coisa está crescendo, mudando e se alterando. Como um caçador de tocaia ou um observador em seu caminho, você precisa prestar atenção, olhar para todos os lados e estar cada vez mais alerta.

O que está acontecendo aqui?

■ Significado básico

Os bastões simbolizam o fogo e os impulsos. O verde exuberante da paisagem mostra crescimento e amadurecimento. Os diferentes comprimentos dos bastões indicam diversas fases do desenvolvimento ao mesmo tempo. Será que o personagem sabe o que está acontecendo atrás dele? Compreende a situação? Entende quais são seus objetivos?

■ Experiência espiritual

Vision quest – buscar e encontrar a própria visão.

■ Como carta do dia

Dê um passo à frente! Acabe com os medos e satisfaça desejos importantes (seus e dos outros)!

■ Como prognóstico/tendência

Fará bem a você desvencilhar-se de antigos instintos e suposições e envolver-se com novas necessidades e experiências.

■ Para o amor e o relacionamento

Deixe os hábitos remanescentes para trás! Vá além do que foi até o momento!

■ Para o sucesso e a felicidade na vida

Tenha coragem para sentir e ter sua própria visão – nesse momento, nada é mais importante, e essa é a melhor carta apenas para isso.

Os dez símbolos mais importantes

A postura do personagem

Aspectos negativos: sobrecarga, esforço excessivo. **Aspectos positivos:** quando alguém segue (literalmente) suas inclinações com toda a força, é capaz de mover muitas coisas. Deixar-se cair para a frente, entregar-se totalmente, isso traz felicidade.

Os bastões agrupados I

A capacidade e a tarefa de selecionar, distinguir e reunir todos os bastões presentes em sua vida (impulsos, motivos, objetivos e intenções). Trata-se de seu total empenho.

Os bastões agrupados II

Os dez bastões representam um feixe de energia. E a pessoa que os carrega e move também precisa ser um feixe de energia em sentido figurado. Trata-se, aqui, de todo o seu empenho.

A madeira diante da cabeça – ❶

Aspectos negativos: ter dificuldade para compreender. A pessoa se concentra nos detalhes e não consegue enxergar o todo. **Aspectos positivos:** a pessoa se concentra em coisas que movem alguém e que podem ser movidas. O impulso (bastão) e a compreensão (cabeça) crescem juntos.

A posição inclinada – ❷

Aspectos negativos: dificuldades para se desvencilhar, em vez de se desvencilhar das dificuldades. **Aspectos positivos:** desse modo, consegue-se avançar com mais facilidade. A pessoa se entrega totalmente, descobre as coisas por conta própria e sai em vantagem.

A casa I – ❸

A casa significa segurança, proteção, lar, bem-estar, esfera privada. **Além disso:** identidade, lugar para os próprios bens. Por um lado, a casa é o objetivo dos esforços, que resultam em muito trabalho e preparam o caminho até ela...

A casa II

... **por outro lado:** no lugar onde gastamos e utilizamos toda a nossa energia, permitimos que "centenas de flores" floresçam, sentimo-nos em casa, mesmo estando fora dela. O lar também é um estado de energia.

O chão "amarelo sujo" – ❹

(Também no *Quatro de Paus*.) A mistura de sol e escuridão, luz e sombra. **Aspectos negativos:** motivos mistos, fundamentos vagos. **Aspectos positivos:** realismo e, ao mesmo tempo, iluminação de lados obscuros e de perigos.

A túnica castanho-avermelhada

A mesma cor do cavalo no *Cavaleiro de Paus*. Em ambas as cartas, vemos uma "raposa". **Aspectos positivos:** inteligência dos impulsos e instintos. **Aspectos negativos:** astúcia, vantagens à custa dos outros. **Além disso:** enganar a si mesmo.

O céu azul

Céu = reino de Deus e da vontade. **Azul-claro** = céu (aberto); água (clara). **Aspectos positivos:** serenidade, alegria espiritual, vontade clara, mente clara. **Aspectos negativos:** ingenuidade, ilusão, êxtase.

Dez de Paus

Uma figura carregada – um alerta para não levar a vida tão a sério, de maneira desnecessária. No sentido positivo, a imagem mostra dedicação e sucesso: uma pessoa que se entrega totalmente a seus afazeres, que literalmente segue suas inclinações, move as coisas e alcança seus objetivos, maiores do que ela própria!

Ter dificuldade para compreender ou empenhar-se de corpo e alma e sair em vantagem?

- **Significado básico**

O máximo dos bastões: máximo empenho, total esforço da vontade – tanto nas coisas boas quanto nas ruins. Enganar-se totalmente, tarefa do próprio livre-arbítrio, desperdício de energia. Ou: aceitar *todas* as energias de vida disponíveis, todos os impulsos e objetivos palpáveis. Consumo otimizado de energia. Sucesso. Superação de grandes desafios e missões de vida. Assumir o controle da vida e compartilhá-la.

- **Experiência espiritual**

O lar é não apenas um lugar, mas também um estado de energia. O lugar onde todas as suas energias podem ser despertadas e ativadas é justamente onde você encontra seu verdadeiro lar e seus maiores sucessos.

- **Como carta do dia**

Esse é o momento em que seu empenho se faz necessário. Dedique-se totalmente ao que é importante para você.

- **Como prognóstico/tendência**

Você só será compreendido quando dedicar toda a sua devoção a alguém ou a uma questão.

- **Para o amor e o relacionamento**

Livre-se dos fardos e procure entender o que acontece e o que o move.

- **Para o sucesso e a felicidade na vida**

Você tem de se inclinar para a frente, atrever-se a avançar e entregar-se. Assim, terá vantagem.

Os dez símbolos mais importantes

A postura do personagem
A Rainha se dedica com devoção a uma taça preciosa. A devoção, o respeito à beleza e a preciosidade da taça, da alma e de suas necessidades são o caminho rumo à soberania dessa Rainha.

A grande taça I – ❶
A carta mostra uma taça grande, decorada e muito valiosa. Ela representa a **riqueza anímica** de todo ser humano, a **preciosidade da alma**. Além disso: advertência contra a autoafirmação.

Os dois anjos/elfos/fadas – ❷
Eles ressaltam a preciosidade da taça e significam que **o próprio bem é sagrado**. A integridade, a proteção da característica pessoal é um direito humano.

A grande taça II
Somente nessa carta a taça aparece fechada. Em contrapartida, o trono é bem aberto. Ambos simbolizam as **polaridades da vida psíquica**. O trono representa os ouvidos abertos, e a taça, a singularidade.

O trono cinza
O grande trono em forma de concha é um símbolo de abertura da alma e de participação. **Aspectos positivos:** incentiva a ter paciência e a não ter preconceitos em relação às emoções. **Aspectos negativos:** alerta para a apatia e a indiferença.

O manto azul e fluido
Símbolo da união com os mundos aquáticos. Oitenta por cento do nosso corpo é feito de água. Estar em casa tanto na água quanto em terra firme. **Além disso:** é decisivo ter uma relação consciente com as emoções.

Crianças/filhos da água/sereias – ❸
Criança interior; emoções infantis; tentações boas ou ruins; infantilidade emocional; manter o espírito jovem mesmo na idade avançada. **Fonte da juventude:** fazer com que a alma sempre renasça nessa vida.

O peixe – ❹
Possivelmente fora do campo de visão do personagem. **O peixe simboliza riqueza e felicidade**, bem como a superação de posicionamentos egoístas (como um peixe na água). Portanto, há que se prestar atenção a ele!

O penhasco – ❺
Os altos e baixos da vida são conhecidos e devem ser superados. À medida que vivemos esses altos e baixos, renascemos e alcançamos na vida o auge de nossas possibilidades.

As pedras coloridas – ❻
A água mole modela a pedra dura. **Missão:** aceitar o que temos pela frente. – Obstáculos que podem ser retirados do caminho. – Lançar pedras sobre a água.

Rainha de Copas

Você é como essa Rainha. A carta ressalta sua dignidade régia e, ao mesmo tempo, seu lado feminino. Você possui e desenvolve uma relação majestosa e magistral com as forças anímicas da vida. Toda a sua capacidade como ser humano é necessária, com muito sentimento e inteligência emocional.

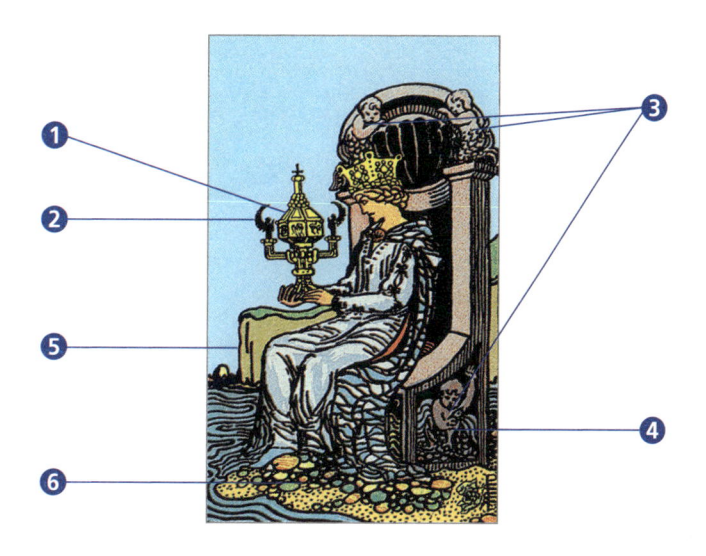

... com uma taça bastante valiosa!

■ **Significado básico**

A mestra dos desejos profundos: "O que me faz bem? O que desejo para mim/nós?" – Como toda carta da corte, essa Rainha mostra uma imagem ideal, uma relação soberana com o elemento em questão, que aqui são as Copas (água, emoções, alma, fé). Você é como essa Rainha ou poderá ser como ela e/ou encontrar uma pessoa em sua vida que corresponda a ela.

■ **Experiência espiritual**

Confiar na voz interior e na emoção. Deixar fluir.

■ **Como carta do dia**

Vá até um rio ou lago. Medite no local. Abra seu coração para tudo, mas não para todos.

■ **Como prognóstico/tendência**

A preciosidade da alma: demonstrar respeito e esperar ser respeitado, eis o elemento fundamental para suas perguntas atuais.

■ **Para o amor e o relacionamento**

A taça está completamente fechada, e o trono em forma de concha está aberto. Não faça as coisas pela metade!

■ **Para o sucesso e a felicidade na vida**

Confie no seu instinto! Mesmo em questões emocionais e de gosto, sua habilidade é decisiva para separar o joio do trigo.

Os dez símbolos mais importantes

A postura do personagem

A abertura e o olhar claro para o que chega caracterizam o Rei e seu notável trono de pedra que flutua sobre as águas. Todos esses símbolos nos indicam o caminho para a dignidade, a soberania e a felicidade desse Rei.

O trono sobre a água I – ❶

A água é um suporte. **Emoções e crenças são a força sustentadora na vida desse Rei.** Por que ele não afunda com a pesada laje de pedra? Espírito, dignidade, consciência – o ar lhe dá sustentação na água.

O trono sobre a água II

Aqui, trata-se não apenas de sentimentos, mas também do anseio pessoal. Anseio e desejo são sentimentos condensados, que também suportam o pesado trono de pedra.

Grande trono cinza

Cinza é a cor da tranquilidade e da neutralidade. **Aspectos positivos:** serenidade, imparcialidade, equilíbrio. **Aspectos negativos:** indiferença. Aqui: isolamento, solidão (como opção).

O navio a vela – ❷

Aspectos positivos: o lastro não é uma desvantagem, mas uma necessidade em uma longa viagem = as tensões serão superadas. **Além disso:** saber lidar com a mudança dos ventos. **Advertência:** navegar conforme o vento.

O animal aquático – ❸

Peixe, serpente marinha ou algo parecido: o que mais viver debaixo d'água se tornará visível. A compreensão do Rei em relação aos processos internos, sentimentos e anseios determinam sua dignidade e sua soberania.

O peixe no pescoço – ❹

A **tarefa** e a capacidade de expressar sentimentos. Além disso, manifestar suas necessidades profundas. **Risco** de rouquidão ou falta de ar, se os sentimentos não forem expressos.

A taça na mão direita – ❺

Estado de alerta, compreensão das exigências do momento, vigilância, dedicação ao momento, honestidade e autenticidade como caminho. Lidar de maneira consciente com os desejos e os medos é o caminho certo...

O cetro na mão esquerda – ❻

... que, por outro lado, permite-nos tomar muitas decisões com "a esquerda". **Lidar de maneira consciente significa:** quais desejos são importantes, quais não? Quais medos devem ser aceitos e quais devem ser superados?

As cores primárias vermelho – amarelo – azul

Aspectos positivos: você permanece fiel a seus objetivos primários, a suas fontes e motivos originários. **Aspectos negativos:** você não para de pensar em desejos simples e quase não aproveita oportunidades mais importantes.

Rei de Copas

Você é como esse Rei. A carta ressalta sua dignidade régia e, ao mesmo tempo, seu lado masculino. Você possui e desenvolve uma relação majestosa e poderosa com as forças anímicas da vida. Sua soberania como ser humano é necessária, com profunda sensibilidade e forte poder de mudança.

Anseio como suporte: o que nos sustenta?

■ **Significado básico**

O mestre do anseio da alma: "O que desejo da vida/do meu parceiro/do momento? Como serei plenamente feliz?". – Como toda carta da corte, esse Rei mostra uma imagem ideal, uma relação soberana com o elemento em questão, que aqui são as Copas (água, emoções, alma, fé). Você é como esse Rei ou poderá ser como ele e/ou encontrar uma pessoa em sua vida que corresponda a ele.

■ **Experiência espiritual**

O caminho sem margem...

■ **Como carta do dia**

"Quem não tem desejos vive de forma errada": existem instintos, intuições e estímulos tentadores que esperam para ser aprofundados.

■ **Como prognóstico/tendência**

A satisfação dos desejos e a destruição de medos levam àquele estado desejável em que somos *plenamente* felizes.

■ **Para o amor e o relacionamento**

Não se reprima! Ponha uma pedra em cima das críticas e das queixas. Aproveite com prazer e diversão os bons momentos!

■ **Para o sucesso e a felicidade na vida**

Descubra o que as pessoas envolvidas e você mesmo mais desejam.

Os dez símbolos mais importantes

A postura do personagem
Uma pessoa de perfil, que cavalga pelo mundo para encher a taça ou compartilhá-la com os outros. Ambos são aspectos da relação cavaleiresca e magistral com o elemento água.

Armadura – ❶
A armadura com elmo, esporas e viseira aberta pertence aos atributos de todo cavaleiro. **Aspectos positivos:** proteção e segurança. **Aspectos negativos:** é como se o indivíduo não conseguisse agir de outro modo, pois está preso a algo.

A asa de Hermes – ❷
Preparado para o amor da cabeça aos pés. Ligação entre emoção e razão. Levar o espírito (elemento ar) para o mundo aquático: **lidar de maneira consciente com as emoções e as crenças.** Como **advertência:** dogmatismo, repressão das emoções.

O cavalo cinza – ❸
Cavalo e cavaleiro formam uma unidade. Impulsos e instintos (o cavalo) desempenham um papel de sustentação. Aqui, o cinza é a cor da serenidade. **Aspecto positivo:** amor sem fervor nem preconceito. **Aspecto negativo:** apatia interna.

O passo do cavalo – ❹
Brincalhão, dançante, como em um exercício de adestramento. **Aspectos positivos:** enobrecimento dos instintos e dos impulsos. Maneira habilidosa de lidar com as necessidades e as paixões. **Aspectos negativos:** adestramento, submissão, falta de espontaneidade.

A taça na mão direita
Taça vazia: símbolo da busca e da aspiração. **Taça cheia:** sentimentos bons ou ruins serão levados para o mundo. O conteúdo da taça fica a critério da imaginação do observador.

O rio – ❺
Unir nascente e foz. Seguir o rio, fluir (*flow*) consigo mesmo e com a vida. Criar coragem. Seguir suas grandes emoções.

Montanhas
Aspectos negativos: obstáculo, resistência, formação das emoções. **Aspectos positivos:** experiência extrema, pontos altos, missões de vida.

A paisagem
Montanha e vale, campos e árvores – um rio que serpenteia alegremente: expressão de **alegria de vida, prazer e bem-estar**. Paisagem sem drama: uma atmosfera agradável, cheia de amor e harmonia.

Os peixes – ❻
Fecundidade, multiplicidade, comunidade, sucesso. Força elementar, também frio e sangue-frio. Grandes emoções. Oportunidade e missão; dar livre curso às emoções.

Cavaleiro de Copas

*Você é como esse Cavaleiro. A carta ressalta sua soberania e,
ao mesmo tempo, seu lado masculino. Você possui e desenvolve
uma relação magistral e holística com as forças anímicas
da vida. É necessária sua dedicação como ser humano,
com muito amor e paixão.*

Animado da cabeça aos pés – ou alheio à realidade...

■ **Significado básico**

O mestre da fé: "Em que acredito? Por que o caminho compensa? Qual a melhor maneira de percorrê-lo?". – Como toda carta da corte, esse Cavaleiro mostra uma imagem ideal, uma relação soberana com o elemento em questão, que aqui são as Copas (água, emoções, alma, fé). Você é como esse Cavaleiro ou poderá ser como ele e/ou encontrar uma pessoa em sua vida que corresponda a ele.

■ **Experiência espiritual**

A busca pelo Graal!

■ **Como carta do dia**

Evite a credulidade, a desconfiança, a descrença ou a superstição. Pesquise e questione de maneira franca e atenta.

■ **Como prognóstico/tendência**

Na maioria das vezes, as grandes paixões, bem como os sonhos e os objetivos que vão longe no futuro, não podem ser contestados nem confirmados pelas experiências vividas até o momento. Por isso, é ainda mais importante certificar-se das próprias crenças.

■ **Para o amor e o relacionamento**

Temos coração e razão para viver paixões profundas e sublimes.

■ **Para o sucesso e a felicidade na vida**

Na maioria das vezes, são as grandes emoções que nos movem, e com elas geralmente nos movemos. Elas são seu motor!

Os dez símbolos mais importantes

A postura do personagem I

A postura do Pajem/Valete revela dedicação e afastamento ao mesmo tempo, curiosidade e cuidado... Um equilíbrio desenvolto como caminho para a soberania e a mestria.

A postura do personagem II

A posição das pernas revela, ao mesmo tempo, flexibilidade, dedicação e reserva. **Aspectos positivos:** cortesia, cuidado, avanço gradual. **Aspectos negativos:** não se comprometer com nada, mudar sempre de opinião, inconstância.

À beira da água – ❶

O personagem é um sentimental. Seu mundo consiste apenas na água e no peixe que ele traz na taça. Possivelmente ele não nota o oceano atrás dele, em seu inconsciente.

O peixe na taça I – ❷

O peixe simboliza **felicidade, riqueza, profundidade** e plenitude, mas, às vezes, também **frieza, sangue-frio**, fixação em uma "paixão", falta de autonomia. – Os tesouros do mar tornam-se palpáveis.

O peixe na taça II

À **primeira vista:** pescador, mergulhador, biólogo marinho. **Simbolicamente:** acesso a tesouros do mundo aquático. Ter talento para entender sonhos, intuições e visões.

O peixe na taça III

Significado principal: a mão segura a taça com desenvoltura; compreensão pelos tesouros da água e das almas. Advertência contra excesso de zelo ou irresponsabilidade: o peixe está em terra firme, foi retirado de seu elemento.

A túnica – ❸

O próprio personagem é atravessado pela água. **Missão:** compreender-se como parte da grande circulação de água na natureza. Valorizar-se como uma pesca valiosa da corrente da vida.

As ninfeias – ❹

Uma vida psíquica próspera e magnífica. A ser observado: as ninfeias no traje não têm raízes. Risco de desenraizamento. Advertência: tirar as questões emocionais de seu contexto.

As cores azul e vermelha – ❺

Aspectos positivos: espiritualidade (azul) e vontade/desejo intenso (vermelho) se acrescentam à grande paixão. **Aspectos negativos:** ingenuidade (azul) e fervor/ego (vermelho) se acrescentam à falta de empenho ou a agressões emocionais.

O chapéu azul – ❻

Espiritualidade, emoção, fé e espírito. Além disso: saudade, crepúsculo, melancolia. **Aspectos positivos:** alegria, leveza, "cabeça fria". **Aspectos negativos:** ilusão, êxtase, adorar alguém ou alguma coisa.

Pajem/Valete de Copas

Você é como esse Pajem (ou Valete). A carta ressalta sua soberania e, ao mesmo tempo, seu lado jovem, de adolescente. Você dispõe ou precisa dominar as emoções e as necessidades com desenvoltura. Toda a sua habilidade como ser humano é necessária, com muita compreensão e compaixão.

Siga o que faz sua alma amadurecer!

■ **Significado básico**

A aventura das emoções, do desejo e da fé: "Como posso satisfazer meus desejos? E reduzir meus medos?". – Como toda carta da corte, esse Pajem (Valete) mostra uma imagem ideal, uma relação soberana com o elemento em questão, que aqui são as Copas (água, emoções, alma, fé). Você é como esse Pajem (Valete) ou poderá ser como ele e/ou encontrar uma pessoa em sua vida que corresponda a ele.

■ **Experiência espiritual**

Desejar de maneira bem-sucedida...

■ **Como carta do dia**

Nomeie de maneira concreta e clara seus desejos e seus medos. Aja em conformidade com eles!

■ **Como prognóstico/tendência**

Novas perspectivas. Com empatia, meditação e compreensão, você reconhecerá o próprio caminho. Desse modo, ajudará a si mesmo e aos outros a prosseguir.

■ **Para o amor e o relacionamento**

Crie coragem e defenda seus desejos!

■ **Para o sucesso e a felicidade na vida**

Não deixe o peixe secar! Diga o que tem no coração!

Os dez símbolos mais importantes

A carta como espelho

A água é um símbolo da vida psíquica. As taças expressam o que confere estabilidade e firmeza à água: necessidades, sonhos, intuições, desejos. O ser humano visto como taça: participação no curso da vida.

A taça I – ❶

Seja na interpretação do tarô ou dos sonhos, seja nos contos de fada ou na astrologia: por toda parte, **a água significa alma, vida psíquica, emoções e fé.** A espiritualidade é representada, em especial, pela união entre água e espírito.

A taça II

A taça representa o que torna essa água (emoção, fé) palpável e compreensível: nossas necessidades psíquicas, nossos desejos e medos. Duplo sentido: emoções positivas e negativas devem ser distinguidas.

Os cinco jatos de água I – ❷

Da taça saem cinco correntes de água, do mar sobem cinco jatos até a taça: símbolo dos grandes ciclos da natureza e da união entre o indivíduo e o fluxo da vida.

Os cinco jatos de água II

União entre o mar e a taça: poder unir-se a tudo como uma gota no oceano. **Cada jato:** poder distinguir-se dos outros; diferenciação e seleção das emoções.

Vinte e seis gotas – ❸

Graça divina. Lágrimas humanas. **União entre água e ar:** espiritualidade. Ênfase na passagem entre parte superior e inferior. Vinte e seis letras, a linguagem das emoções.

A pomba branca – ❹

O Espírito Santo, o divino. Além disso: pomba da paz, símbolo da sabedoria (Sofia) e do amor (Eros, Afrodite). **Mas também:** histeria do espírito (*Os Pássaros*, de Hitchcock).

A cruz/a letra – ❺

A letra poderia ser um W e remeter ao autor das cartas, A. E. Waite. E/ou é um símbolo que, junto com a hóstia no bico da pomba, indica a Igreja como mediadora da fé.

Ninfeia/flor de lótus – ❻

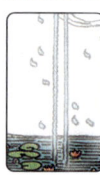

Beleza, pureza, iluminação. Na simbologia da Ásia Oriental e, em especial, na budista, enfatiza-se o fato de que o lótus cresce no pântano e se transforma em uma bela flor.

Mão saindo da nuvem

A taça lhe foi oferecida. Você é um presente – para si mesmo e para o mundo. Aceite-a e faça algo com ela. Ouça a linguagem das suas emoções.

Ás de Copas

*Presente da vida: a taça simboliza a vida psíquica do ser humano,
a capacidade de compreensão da alma, desejos, medos,
e todas as emoções. A extensão de água representa o mar,
as emoções oceânicas, nossa ligação com tudo.*

Viva o que nos deixar sentir e fluir!

■ **Significado básico**

As copas ou taças são recipientes nos quais nossas emoções, por assim dizer, se depositam. Aqui, trata-se de necessidades psíquicas, do desejo e da fé, de tudo o que nos preenche e nos move internamente. É essencial que as coisas *fluam*. O conceito fundamental é a alma, que na água é limpa e purificada. O Ás também oferece um acesso elementar. Aproveite-o!

■ **Experiência espiritual**

Deixar-se mergulhar. Transformar-se e iniciar uma nova vida!

■ **Como carta do dia**

Depure o que obscurece seus sentimentos. Esclareça suas emoções.

■ **Como prognóstico/tendência**

Toda carta de Copas representa uma oferta para receber (passivamente) ou desvencilhar-se de algo (ativamente). Se as coisas fluírem, você encontrará a resposta que procura.

■ **Para o amor e o relacionamento**

Somos como o mar e a taça: ligados a tudo, mas também livres e autônomos. Esses polos asseguram tensão e libertação, inclusive em seus relacionamentos.

■ **Para o sucesso e a felicidade na vida**

Esse não é o momento de grandes compromissos e promessas, e sim de honestidade pessoal.

Os dez símbolos mais importantes

A postura dos personagens

Praticamente, só é possível ver os personagens em meio perfil. **Aspecto positivo:** duas metades resultam em um todo. **Aspectos negativos:** se um procurar no outro apenas sua "cara-metade", cada um permanecerá para si mesmo uma pessoa incompleta, assim como o amor.

A cabeça alada do leão I – ❶

Emoções poderosas. No bom sentido, um abrigo que encoraja e libera energias gigantescas. Fortes energias (cardíacas e sexuais) se intensificam mutuamente e criam um campo energético inspirador.

A cabeça alada do leão II

Emoções incompreendidas ou encanto: um não consegue se separar do outro, não consegue sair do lugar. Uma "dupla ligação", uma fixação recíproca de desejos e medos.

O caduceu de Hermes – ❷

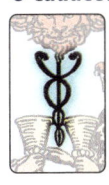

Representa a união de impulso e razão. As serpentes entrelaçadas ao caduceu traçam círculos que se ampliam a cada nível à medida que sobem. Interromper esse ciclo significaria voltar ao começo.

Coroa de louros e de flores – ❸

No sentido **negativo**, inicia-se aqui um relacionamento dramático. No sentido **positivo**, vemos como o amor e o enamoramento transformam o dia a dia em uma festa e nos colocam acima das questões cotidianas.

As cores da Sacerdotisa – ❹

Branco e azul representam o lado feminino. Quando não são compreendidos nem desenvolvidos ou se mostram hesitantes, também representam o aspecto animalesco de nossa vida psíquica: temeroso, exigente e desorientado.

As cores do Louco – ❺

Preto e amarelo representam o lado masculino. Quando não são compreendidos nem desenvolvidos ou se mostram hesitantes, também representam o aspecto do *animus* de nossa vida psíquica: idealista, altruísta e obcecado.

A casa na colina

As colinas na imagem também representam os altos e baixos da vida. **Missão:** devemos encontrar nossa cara-metade em nós mesmos e nos abrir para um relacionamento real. Desse modo, automaticamente descobriremos nosso "lar".

Os sapatos vermelhos – ❻

Entusiasmo, emoções, paixão. **Aspecto positivo:** temperamental. **Aspectos negativos:** o encanto, o lado enfeitiçado das emoções, que, às vezes, só pode ser percebido nos detalhes.

O céu azul-claro

Céu = reino de Deus e da vontade. **Azul-claro** = céu (aberto); água (clara). **Aspectos positivos:** alegria, leveza, vontade clara, mente clara. **Aspectos negativos:** adorar alguém ou alguma coisa, ilusão.

Dois de Copas

Duas taças enfatizam as polaridades da vida psíquica – simpatia e antipatia, desejos e medos, afeto e rejeição. Cada um tem de distinguir e conciliar as "duas almas que vivem em seu peito", como diz o famoso verso de Goethe.

O leão vermelho – forças emocionais gigantescas, nos bons e nos maus momentos!

■ **Significado básico**

Duas taças representam energias fundamentais e emoções importantes, que se contradizem ou se complementam. Isso também se refere a intenções mais cotidianas.

No entanto, vale igualmente para interesses básicos e conflitos mais intensos. Em poucas palavras, o caduceu de Hermes e a cabeça alada do leão significam tanto a união feliz quanto a junção de duas almas.

■ **Experiência espiritual**

O primeiro grande amor...

■ **Como carta do dia**

Conseguir lidar com grandes emoções – essa é uma missão de vida, que se renova a cada dia.

■ **Como prognóstico/tendência**

A relação consciente com emoções e necessidades é decisiva em todos os aspectos.

■ **Para o amor e o relacionamento**

Deixe que sua alma crie asas... por iniciativa própria ou em conjunto com outras pessoas, por meio de uma discussão, uma despedida, uma reconciliação...

■ **Para o sucesso e a felicidade na vida**

Alegria compartilhada é alegria em dobro. Tristeza compartilhada é tristeza pela metade.

Os dez símbolos mais importantes

A postura dos personagens

Aspectos positivos: dança de roda, dança e vivência em grupo que inspiram e ampliam o coração. **Aspectos negativos:** nenhuma das portadoras das taças oferece abertura e atenção direta (nem ao observador, nem umas às outras).

As posturas dos personagens II

No bem e no mal, trata-se aqui do **poder feminino**. Arquétipos da Grande Mãe são significativos. As três Graças, as três Moiras, a grande deusa como virgem, mulher e anciã.

As posturas dos personagens III

Os personagens estão em movimento, como se virassem uns para os outros. Essa é a representação da **força das emoções** (que em latim significa movimento, expressão).

Frutos/colheita – ❶

A colheita é rica – há motivo de sobra para festejar. Aproveite a vida em comunidade – você pertence a ela. **Missão:** não se esqueça de ser grato por tudo o que lhe foi dado.

A elevação das taças I – ❷

Aspectos positivos: vivência em comunidade, contribuição para algo maior, celebração, fecundidade da alma. Realidade pessoal, que experimenta ressonância. **Aspectos negativos:** arrogância psíquica. Exclusão de desconhecidos.

A elevação das taças II

Como no *Nove* e no *Dez de Copas*: o tema da elevação das taças também se manifesta aqui...

Na ponta dos pés – ❸

Aspectos positivos: dança, jovialidade, leveza, elevação das taças. **Aspectos negativos:** mais aparência do que substância. Artificialidade. Emoções artificiais.

A dança de roda/a dança – ❹

Aspectos negativos: coerção de grupo, êxtase, perda do que é próprio. **Aspectos positivos:** a vida como festa, "E o mundo começa a cantar, você só encontra a palavra mágica" (J. v. Eichendorff).

Vermelho – bege – branco – ❺

Os personagens também representam a unidade de corpo, mente e alma. Vermelho para a alma, branco para a mente e bege para o corpo. **Aspectos positivos:** amar com todos os sentidos! **Aspectos negativos:** divisão do amor físico, mental e anímico.

O céu azul-claro – ❻

Céu = reino de Deus e da vontade. **Azul-claro** = céu (aberto); água (clara). **Aspectos positivos:** serenidade, alegria espiritual, vontade clara, mente clara. **Aspectos negativos:** ingenuidade, ilusão, êxtase.

Três de Copas

Trocas, interesses em comum e autonomia em um grupo fazem parte de uma vida psíquica fecunda. Mas também a tríade de corpo, mente e alma em uma só pessoa. A graciosidade das emoções é a promessa positiva da carta – e a altivez da alma, sua advertência.

Não há dois sem três!

■ **Significado básico**

A maior oportunidade e o maior risco dessa carta consistem no fato de que nela os limites entre as pessoas envolvidas se tornam fluidos. Não é fácil identificar qual personagem segura qual taça, quem faz o quê. Ação e reação, original e eco se misturam. No bom sentido: a notável capacidade da alma de crescer e se transformar em outra. Aspecto negativo: uma sensação de coletividade, na qual o individual se perde.

■ **Experiência espiritual**

Uma comemoração bem-sucedida. Transformação do cotidiano em festa.

■ **Como carta do dia**

Não tema reações "emocionais". Aproxime-se dos outros ou afaste-se deles, mesmo que isso lhe pareça estranho.

■ **Como prognóstico/tendência**

A vida se torna uma festa quando muitas emoções frutificam juntas.

■ **Para o amor e o relacionamento**

Uma palavra certa no momento certo opera milagres. Diga o que sente! Crie coragem!

■ **Para o sucesso e a felicidade na vida**

Uma carta feliz, se a considerarmos um símbolo da inteligência emocional. Emoções conscientes são emoções fecundas.

Os dez símbolos mais importantes

A postura do personagem

Você vê a si mesmo na imagem ou outra pessoa em uma posição introspectiva, amuada ou meditativa e compenetrada. Uma situação de espera ou novas inspirações criativas.

A árvore – ❶

Desde tempos imemoriais, um símbolo da força de vida e da fecundidade. Além disso, a árvore é um símbolo para o ser humano: com as raízes na terra e a copa no céu, o homem é um cidadão de dois mundos.

Raiz, tronco e copa I

Quando o ser humano se detém junto à raiz de uma árvore, simbolicamente ele se detém junto às suas próprias raízes. Desse modo, a carta representa um recuo positivo, fases de tranquilidade, de sonho e de meditação.

Raiz, tronco e copa II

Em outros casos, essa carta deve ser entendida como um convite a se erguer e a se esticar até o céu como uma árvore. Também significa trabalhar duro e desenvolver toda a sua dimensão e a sua beleza.

A colina – ❷

O personagem se encontra em um local um pouco elevado. É preciso ter um panorama das experiências e impressões psíquicas para assimilá-las e neutralizá-las; justamente a partir disso crescem o novo conhecimento e a nova inspiração.

A quarta taça – ❸

Crescimento psíquico, inspiração, uma nova taça, uma nova abordagem e uma nova área de experiência se acrescentam. – No entanto, aqui também se trata de despedida e rejeição: "Afasta de mim este cálice!".

A mão saindo da nuvem – ❹

É o aceno do destino ou a mão de Deus, que nos entrega uma nova taça. Contudo, em sentido negativo, também podem ser espíritos e fantasmas imaginários, que nos perseguem até na esfera privada.

A cor azul-claro

Um céu amplo está aberto para você. O azul-claro representa tanto a água quanto o ar. No entanto, a mistura de água e ar é o espírito, a espiritualidade, que dão asas à nossa alma...

A nuvem – ❺

... mas, às vezes, também desejos nebulosos ou medos infundados. A nuvem também é feita de água e ar. Quanto mais cinza ela for, menos transparente será e tanto mais haverá questões psíquicas a serem esclarecidas e filtradas.

A cor verde – ❻

Alerta para a imaturidade pessoal (inexperiência) e encoraja a ter vivacidade, a continuar a crescer e, sobretudo, a lidar de maneira responsável com as próprias experiências e necessidades.

Quatro de Copas

Uma nova experiência psíquica chegará até você (a taça saindo da nuvem). Uma hora você terá de aceitar essa nova taça, por bem ou por mal, quer ela contenha vinho doce, quer um remédio amargo. Em outra ocasião, porém, é importante rejeitar essa taça e dizer: "Afasta de mim este cálice!".

Raízes e asas...

■ **Significado básico**

A árvore na imagem é um símbolo da natureza, mas também do ser humano como parte especial da natureza. Se o personagem está sentado junto às raízes da árvore é porque, simbolicamente, ele permanece junto às suas próprias raízes. Ora pode tratar-se de interromper a rotina para encontrar recolhimento e reflexão, ora, porém, de *parar de remoer pensamentos*, para reerguer-se pessoalmente e esticar-se até o céu como a árvore.

■ **Experiência espiritual**

Experimentar a graça e a gratidão. Criar forças a partir do encontro com a natureza e com uma árvore.

■ **Como carta do dia**

Investigue suas emoções. Relaxe. Tire conclusões claras. Não se deixe pressionar.

■ **Como prognóstico/tendência**

Na meditação e no silêncio, você encontrará palavras para experiências e impressões que não conseguiu expressar até então.

■ **Para o amor e o relacionamento**

Quem ambiciona voar alto tem de se aprofundar em si mesmo. Isso também vale para os altos e baixos do amor.

■ **Para o sucesso e a felicidade na vida**

Às vezes, temos "apenas" razões pessoais para algo. Aqui, elas levam exatamente ao objetivo e à felicidade.

Os dez símbolos mais importantes

A postura do personagem

Preto é a cor do luto, mas também do desconhecido, do estranho. Quem é a pessoa na imagem? É você? Alguém próximo a você? Aqui também encontramos a "noite escura da alma".

A figura de preto I

Podemos nos sentir esgotados e vazios como as taças caídas. Muitas vezes, o único remédio é aceitar a tristeza, dar livre curso às emoções e não reprimir as lágrimas.

A figura de preto II

Muitas vezes, porém, a figura de preto não significa absolutamente tristeza nem esgotamento. No sentido positivo, ela é um símbolo da transição. Quando algo realmente novo se inicia na vida, primeiro atravessamos um túnel.

A figura de preto III

Quando algo novo se esboça, no qual não temos nenhuma experiência nem conhecimento prévio, a alma ou nossa voz interior anuncia: "Está tudo escuro – não faço ideia do que está acontecendo!". Ela ainda está escura, como um filme não exposto.

As taças viradas – ❶

Representam **experiências do coração** (vermelho) **já ocorridas**, que devem ser lamentadas ou esquecidas. Aprenda a perdoar sem esquecer e a se lembrar sem se prender ao que já passou.

As taças em pé – ❷

Algo passou, mas um evento novo está à sua espera. Novas taças, uma nova capacidade de compreensão para seus desejos e temores. **Novas possibilidades psíquicas e verdades.** Dedique-se a elas!

O rio – ❸

Apenas quem se transforma permanece fiel a si mesmo. O rio é um símbolo antigo para a continuidade e a fidelidade, por um lado, e para o fluxo permanente e a mudança constante, por outro. E isso ao mesmo tempo!

A ponte – ❹

Confie no novo, atravesse a ponte, e ele deixará de ser estranho. Assim como o personagem, você poderá virar e dirigir-se ao novo. Nisso consiste o caminho pelo túnel (através da ponte).

Visão das costas – ❺

As costas são o lugar da sombra, do que não é visto e, portanto, do inconsciente. No entanto, nelas também há uma advertência: não se afaste de si mesmo. Faça as pazes consigo mesmo e com seus semelhantes.

Burgo/ruína – ❻

Como ruína, essa construção dá informações sobre as taças viradas do passado. Se considerarmos o edifício como um burgo, ele representa o objetivo, a proteção e o lar quando percorremos o caminho que atravessa a ponte.

Cinco de Copas

Por um lado, tristeza, medo, esgotamento psíquico. Por outro, aqui se mostra o início bem-sucedido de algo realmente novo, do qual até o momento não se tinha noção. É preciso coragem e determinação para atravessar bem o "túnel".

A quintessência das Copas: fluxo e mudança permanente.

■ **Significado básico**

A ponte para uma nova margem está aberta. O desafio consiste em pisar no território desconhecido, e isso significa atravessar a ponte. Encontramos a *sombra*, que, em sentido psicológico, é uma espécie de duplo, um *alter ego* (segundo eu). Essa temática da sombra também é expressa por meio do personagem de preto. A figura sombreada representa os próprios aspectos não vivenciados, os desejos e os medos que, até o momento, são inconscientes.

■ **Experiência espiritual**

Uma metamorfose – uma fase de mudança, um trecho do túnel da vida – e o início de uma nova etapa da vida.

■ **Como carta do dia**

Não fuja das (suas) emoções. Há muito tempo você anseia por esse recomeço.

■ **Como prognóstico/tendência**

Duas taças estão em pé. Você pode escolher quais emoções e necessidades pegar e quais não.

■ **Para o amor e o relacionamento**

Tristeza, raiva, ressentimento, desgosto e outras emoções aparecem em primeiro plano nessa imagem, se até o momento não tiverem recebido a devida atenção. Compense as discussões que faltaram!

■ **Para o sucesso e a felicidade na vida**

Desilusão: o fim de uma ilusão, cuja lição você aprendeu, libera enormes energias.

Os dez símbolos mais importantes

A postura do personagem

Você pode ser um ou os três personagens. De modo geral, aqui podem ser abordadas sua relação com a infância, as crianças, os contos de fada, a verdade e o tesouro de experiências anteriores.

Taças com flores

Apenas essa carta mostra taças com flores. Portanto, seu tema é uma vida psíquica próspera. Para tanto, retornamos ao reino da infância e/ou das aventuras e da juventude.

Crianças/anões

O grande anão e a pequena mulher somos nós. Esse é um símbolo da maturidade psíquica, quando, já adultos, também podemos voltar a ser crianças. E isso significa contemplar novamente nossas experiências da infância.

O rosto virado da pequena mulher – ❶

Quem nela vê, inicialmente, a face virada para o observador, enxerga e busca primeiro o "sim", a concordância nos relacionamentos e nas questões emocionais. Dizer "não" é mais difícil.

O rosto virado da pequena mulher – ❷

Quem nela vê, inicialmente, a face desviada do observador, enxerga e busca primeiro o "não", a delimitação nos relacionamentos e nas questões emocionais. Dizer "sim" é mais difícil.

As duas faces da pequena mulher

Essa imagem remete a um antigo ditado: "Na frente, uma mulher jovem / atrás, uma mulher velha" ou "Na frente, uma mulher jovem / atrás, a morte". Essa figura da Idade Média é chamada de *vanitas* (vazio, vaidade).

A cruz em X – ❸

Essa cruz é mais do que um elemento decorativo. Como adultos, podemos determinar novos rumos. Voltamos à infância para investigar a dupla face da experiência e complementar os aspectos que estão faltando.

As flores de maçã-espinhosa – ❹

A maçã-espinhosa ou estramônio é uma planta da família das solanáceas e uma antiga "erva de bruxa". Dependendo da dosagem e do conhecimento, pode ser usada como veneno ou medicamento. É o que também acontece com nossa origem psíquica.

Guarda com lança/andarilho com bastão – ❺

O andarilho enfatiza o aspecto da mudança. O guarda representa proteção, mas também controle sobre experiências da infância. Às vezes, é difícil aproximar-se da lembrança.

A luva branca – ❻

Elegância, cuidado, cautela. Além disso: alguém que não quer sujar os dedos. Possivelmente, medo de entrar em contato com muitas verdades da infância e da própria origem.

SEIS DE COPAS

O que é necessário para uma vida psíquica próspera? A carta não deixa dúvidas: como adulto, deve-se e pode-se voltar a ser criança. Isso também significa despedir-se de experiências ruins da infância e retornar ao espírito aberto e à alegria dessa fase da vida.

Uma imagem da experiência com outras pessoas – e da relação consigo mesmo.

■ **Significado básico**

Dupla face: a pequena mulher desvia o olhar do homenzinho (seu rosto é amarelo, circundado à esquerda e à direita pelo lenço laranja-avermelhado). Ela olha na direção do grande anão (desta vez, o amarelo está em sua trança; à esquerda dela está seu rosto e, à direita, o lenço). As duas direções do olhar fazem parte da imagem. Na maioria das vezes, notamos espontaneamente apenas *uma* delas. Contudo, precisamos de ambas: delimitação e atenção, sim e não!

■ **Experiência espiritual**

Apaixonar-se, terminar uma terapia, experimentar uma fonte da juventude.

■ **Como carta do dia**

Um espaço protegido, no qual a alma floresce. Ocupe-se com cautela das experiências emocionais.

■ **Como prognóstico/tendência**

Você está ampliando sua compreensão. Hoje, dispõe de *mais alternativas* do que na infância.

■ **Para o amor e o relacionamento**

Despeça-se das reações infantis e faça o que já deveria ter feito há muito tempo como adulto.

■ **Para o sucesso e a felicidade na vida**

Aproveite o momento para pôr de lado medos antigos e satisfazer desejos importantes.

Os dez símbolos mais importantes

O personagem de preto

Você se reencontra no personagem de preto, mas também em todas as figuras contidas nas sete taças. Sua tarefa consiste em distinguir desejos pertinentes de outros que não fazem sentido.

O personagem de preto II

Aspecto positivo: faça algo que normalmente não faria, a fim de alcançar as metas desejadas. **Aspectos negativos:** imaginar castelos nas nuvens, nos quais o aqui e o agora são esquecidos; tornar-se sombra de si mesmo.

O reino das nuvens

Reconhecer a riqueza pessoal e apropriar-se dela. O reverso é feito de cobiça e insatisfação. É preciso dizer "sim" a si mesmo, e não negar a si mesmo em favor de ideais irreais.

A cabeça com cabelos encaracolados – ❶

A cabeça com cabelos encaracolados simboliza beleza e juventude eterna. Alerta para a vaidade e o narcisismo e nos incentiva a nos olharmos no rosto e a nos aceitarmos tal como somos.

Burgo/torre – ❷

Burgo – aspectos positivos: proteção, lar, segurança; **aspectos negativos:** cerco, isolamento ou arrogância. **Torre – aspectos positivos:** panorama, vigilância; **aspectos negativos:** estar alheio à realidade (torre de marfim), ingenuidade.

Tesouro/joias – ❸

Riqueza interna e externa. Os verdadeiros valores, o brilhantismo e a preciosidade pessoais. No sentido negativo, o vil metal, o dinheiro como satisfação substitutiva, insegurança em relação ao próprio valor.

Coroa de louros – ❹

A coroa de louros pode ser uma coroa fúnebre ou a de um vencedor (como nas cartas *XXI – O Mundo* e *Seis de Paus*). Também se reconhece uma caveira na taça. **Missão:** aproveitar a vida!

O dragão – ❺

Nas sagas europeias, um monstro terrível (São Jorge, que luta contra o dragão). No entanto, na tradição chinesa, é conhecido como dragão da sorte. **Você também possui forças especiais.**

Serpente – ❻

Comportamentos e instintos triviais e vis; rastejar aos pés de alguém. Além disso, é um símbolo da sabedoria, da transformação (mudança de pele) e do desenvolvimento superior (a serpente enrolada para cima).

A figura coberta pelo véu – ❼

O enigma e o mistério representados por todo ser humano. Esse aspecto precioso e extraordinário é reconhecível em você, mas só poderá ser revelado mais adiante, quando você continuar a evoluir.

Sete de Copas

Possibilidades fantásticas se abrem para você. Escolha o que deseja, faça algo que normalmente não faria e se empenhe. – Ou: em sua imaginação, você se sente em casa em um mundo mágico, mas, como pessoa, vive na sombra. Desejo e realidade agem como dia e noite.

Nada aqui é evidente!

■ **Significado básico**

Tudo é ambíguo como o burgo, que, por um lado, representa poder e grandeza e, por outro, a solidão e um estado alheio à realidade. Aqui, é importante dar uma olhada por trás dos bastidores e ordenar os desejos e os medos com bom senso, pois, assim como os desejos não satisfeitos colocam você à margem internamente, os realizados se revelam como ilusões ou superstições. A solução é avaliar as experiências, amadurecer psiquicamente e crescer! Traçar limites, alcançar objetivos e descobrir o que lhe faz bem.

■ **Experiência espiritual**

Aprender a distinguir as coisas; não enganar a si mesmo.

■ **Como carta do dia**

Separar o joio do trigo – filtre seus desejos e seus medos.

■ **Como prognóstico/tendência**

Qui vivra verra: quem viver verá. Pelos "frutos" você reconhecerá o que lhe convém.

■ **Para o amor e o relacionamento**

Aprofunde-se em suas experiências e siga os desejos dos quais parte a energia mais forte.

■ **Para o sucesso e a felicidade na vida**

Seus desejos devem servir a você e à sua felicidade, e não o contrário. O objetivo da realização de um desejo é ser plenamente feliz...

Os dez símbolos mais importantes

A postura do personagem

Quem caminha na imagem: você, seu parceiro, um estranho? Você está seguindo o fluxo interno ou virando as costas para si mesmo e fugindo de si mesmo?

Lua e Sol

As energias do Sol e da Lua lutam entre si – ou se complementam. O Sol representa a consciência geral, a vontade consciente. A Lua representa o que é próprio ao indivíduo, o privado e o inconsciente.

O rio – ❶

A imagem pode ser observada de maneiras diferentes: ora o personagem de vermelho parece caminhar junto com o rio, ou seja, rumo à foz, ora parece percorrer sua margem rumo à sua origem, ou seja, à nascente.

A túnica vermelha – ❷

Você encontrará um caminho quando confiar no poder da alma e na força de seus desejos (Lua e rio), quando os seguir e, ao mesmo tempo, proceder com vontade, paixão (vermelho) e consciência (o Sol).

A montanha – ❸

As montanhas podem representar dificuldades e bloqueios, mas também alto desempenho e experiências extremas. Uma lei psicológica: quem deseja alcançar coisas importantes tem de seguir o curso das energias psíquicas.

O desfiladeiro – ❹

Você superará dificuldades e situações de pressão se, como a água, seguir os desníveis, ou seja, se for até onde parte a energia mais forte para cumprir sua ação.

Foz/nascente

O caminho até a nascente é o retorno às raízes, que se torna novamente necessário em cada etapa da vida. **O caminho até a foz** é o da reconhecida vocação e do destino que encontramos para nossa vida.

Visão das costas

Aspectos positivos: você também observa os reveses, as vantagens e desvantagens de uma pessoa, de uma situação e de si próprio. **Aspectos negativos**: sempre ter em mente as próprias desvantagens (fraquezas, deficiências).

O bastão – ❺

Lembra as cartas *IX – O Eremita*, *VII – O Carro*, bem como o guarda ou andarilho na imagem do *Seis de Copas*. Representa a confiança na própria força e a relação consciente com as próprias fraquezas.

A lacuna entre as taças – ❻

Você aparece entre as taças. Não é você que as tem na mão, e sim elas que têm você! Sua fé o carrega. Além disso: saída em busca de algo.

Oito de Copas

Uma parte preciosa de suas emoções são sonhos e visões que não podem ser compreendidos em curto prazo. Deixe sua consciência e sua capacidade de julgamento crescer com eles. Parta para a busca. No entanto, talvez essa carta alerte para uma inquietação que passa pelo objetivo (justamente as taças).

Vá aonde seu coração o leva!

■ **Significado básico**

Um símbolo da jornada da vida: em cada um de nós há um fluxo. Dizem que, embora "tudo flua", às vezes o rio interno está seco, outras vezes, não corre, mas inunda tudo. Sua tarefa é abrir-se para o fluxo (*flow*) interno e *moldá-lo*. Esse é o melhor remédio tanto contra o vício e o fervor quanto contra a inércia e a solidão.

■ **Experiência espiritual**

Compreender o próprio destino. Nós o encontramos quando estamos mais próximos do "rio".

■ **Como carta do dia**

"Os moinhos de Deus moem lentamente" – mas moem! Nesse sentido: tenha paciência! Tudo tem seu tempo.

■ **Como prognóstico/tendência**

Tudo tem seu tempo. Tudo é importante.

■ **Para o amor e o relacionamento**

Ajude você mesmo e seu parceiro, para que cada um siga o próprio caminho. Essa é uma grande oportunidade para o amor!

■ **Para o sucesso e a felicidade na vida**

"Quem é preguiçoso também é inteligente!" – Quem segue o fluxo das energias se cansa relativamente menos e alcança mais!

Os dez símbolos mais importantes

A postura do personagem

Aqui, você vê a si mesmo ou um semelhante que, em muitos aspectos, pode ser muito aberto e, em outros, muito fechado. A grande quantidade de taças salta aos olhos do observador, mas será que o personagem tem conhecimento delas e as utiliza?

Chapéu vermelho/meias vermelhas – ❶

Vontade e paixão, amor ou ciúme são representados pela cor vermelha. O azul da alma e da espiritualidade está tão presentes quanto o amarelo, que pode representar tanto o Sol e a luz quanto a inveja.

As taças ao fundo

A grande riqueza psíquica, representada pelas nove taças, encontra-se atrás do personagem. Possivelmente, essas emoções, essas necessidades e esses desejos reunidos atuam "pelas costas".

Os braços cruzados – ❷

Antebraços e mãos formam um oito na horizontal, um símbolo da paciência, do distanciamento e da tranquilidade. Pode tratar-se de um preguiçoso ou de um espectador que não toma a iniciativa nem "compreende" nada.

As pernas abertas – ❸

A posição dos braços e das pernas reproduzem comportamentos conscientes e inconscientes: o colo está aberto. Isso mostra que há abertura, exigências e expectativas para impulsos e instintos.

A túnica branca – ❹

O branco representa início e/ou completude, ingenuidade e ausência de cor, mas também maturidade e sabedoria. Como a *sabedoria* e a luz branca, é um símbolo da conclusão e da totalidade.

As taças enfileiradas – ❺

Aspectos positivos: você pode perceber e organizar bem um conjunto de coisas (redes, grupos maiores, necessidades variadas). **Aspectos negativos:** você tem dificuldade para "sair da linha".

As taças ligeiramente erguidas I

Uma questão de perspectiva: pode-se visualizar a curva formada pelas taças como se elas estivessem em pé, **atrás** do personagem. As taças também podem ser vistas como se estivessem em uma curva **acima** do personagem...

As taças ligeiramente erguidas II

... e, desse modo, já conduziriam às taças no alto, encontradas na carta do *Dez de Copas*. A elevação na imagem simboliza todas as acepções do termo **suspensão**:...

As taças ligeiramente erguidas III

... **Preservar** as boas emoções e experiências; **encerrar** emoções e desejos sem sentido. Por fim, lidar com as taças em um nível superior, **com mais sabedoria e, portanto, mais êxito.**

NOVE DE COPAS

Aqui, não se trata de uma, duas ou três taças, mas das taças – emoções, desejos e fé – em grande escala. Todo o seu equilíbrio emocional aparece na imagem. Você é a pessoa no centro, com várias fontes à disposição. Explore-as.

O guardião de uma grande alma!

■ Significado básico

O essencial nessa imagem é a consideração das necessidades psíquicas, que devem ser compreendidas de maneira literal: o personagem tem de olhar para trás para perceber as nove taças. "Atrás das costas" é o lugar do inconsciente, uma área de sombra. A figura no centro da imagem tem de conhecer todas as suas taças e se apropriar delas. Assim, emoções, desejos e fé são libertados e, a partir de então, a carta passa a representar a *consideração* de suas necessidades psíquicas e de seus conceitos morais.

■ Experiência espiritual

"Tudo em você tem valor se você o possuir" (Sheldon B. Kopp).

■ Como carta do dia

Olhe para o que vive em você e está atrás de você.

■ Como prognóstico/tendência

Satisfação, prazer, tranquilidade e harmonia surgem quando você diz "sim" para si mesmo.

■ Para o amor e o relacionamento

Trata-se não apenas das *suas* emoções! Às vezes, ficamos sentados, imóveis, como se estivéssemos colados; outras vezes, não paramos de nos preocupar. Deixe a vida fluir! Seja fiel ao amor. Faça algo agradável na companhia de seu parceiro.

■ Para o sucesso e a felicidade na vida

Você é uma pessoa de sorte, pois se arrisca.

Os dez símbolos mais importantes

A postura dos personagens

À primeira vista: uma situação familiar (a sua?). Segunda possibilidade: a natureza externa como símbolo da natureza interna. Seus lados masculino e feminino. Você como criança e adulto. Promessas e expectativas.

As cores primárias vermelho – amarelo – azul – ❶

Aspecto positivo: você continua fiel a seus objetivos, a suas fontes e a seus motivos iniciais. **Aspecto negativo:** você quase não utiliza suas maiores possibilidades (ver *Rei de Copas*).

O casal/homem e mulher – ❷

Casamento, vida em comum, bem como parceria entre os próprios aspectos masculinos e femininos. Por um lado, uma imagem da totalidade. Por outro, não vemos os rostos.

Os dois pares – ❸

Aspectos positivos: convívio frutífero entre crianças e adultos. Como adulto, poder ser criança novamente, de maneira consciente. **Aspectos negativos:** os adultos não prestam atenção nas crianças. A aparência conta mais do que a essência.

O arco-íris

Símbolo da beleza da criação, do milagre diário e da criatividade pessoal. **Missão:** colocar céu e terra, ambição e realidade em uma relação produtiva.

As taças no arco-íris

Aspecto positivo: a elevação das taças (ver *As taças ligeiramente erguidas*, p. 176). **Aspectos negativos:** as emoções ganham uma importância exagerada. Nada é palpável. Uma redoma hermeticamente fechada.

A casa – ❹

Símbolo de lar e identidade. A casa está um pouco afastada, meio escondida. **Aspectos positivos:** ampla propriedade, necessidades satisfeitas de várias maneiras. **Aspectos negativos:** existência pouco clara, identidade oculta, ausência de perfil.

Paisagem – ❺

Símbolo da natureza e da cultura, tanto externas quanto internas. Aqui, trata-se de todas as necessidades psíquicas e emoções. **Aspectos positivos:** necessidades e paixões sofisticadas. **Aspectos negativos:** falta da cultura, falsa modéstia.

Visão das costas

Aspecto negativo: você tem uma relação contraditória consigo mesmo. **Aspectos positivos:** no entanto, você dispõe de enormes forças psíquicas, necessidades e paixões, das quais não precisa se envergonhar.

O rio – ❻

Ele é parte da paisagem. Trata-se de cultivar as paixões. Todos os outros significados do rio também valem aqui: ver *Cinco de Copas, Oito de Copas, III – A Imperatriz, IV – O Imperador*, entre outros.

Dez de Copas

Homem e mulher, pais e filhos, o homem e sua criação: o arco-íris é o símbolo da união com Deus, com a criação, para a realização de grandes desejos – símbolo da criatividade e da fantasia cultural. Tudo na imagem – as pessoas e a paisagem – também mostra partes em você.

Como no céu...

■ **Significado básico**

A máxima fé, um poderoso campo de energia – tanto para o bem quanto para o mal. Os rostos não são visíveis. As taças flutuam ao longe e pairam sobre todas as coisas como um sino ou um escudo. Advertência: perda iminente de si mesmo; êxtase ou esterilidade; romantismo que se prende a gestos; um "fingimento" simbólico. – Solução: Assimilar e renovar as energias disponíveis da alma (Copas). Eliminar desejos e medos! Na imagem, a natureza e a cultura são símbolo da paisagem da alma, em suma, das paixões sofisticadas. Essa é a carta da realização dos sonhos de vida.

■ **Experiência espiritual**

Festa de casamento, matrimônio, união por amor...

■ **Como carta do dia**

Não tenha medo de grandes emoções e sonhos ousados! Cuidado, busca por harmonia!

■ **Como prognóstico/tendência**

A seleção de desejos e medos ajudará você. Para tanto, são necessários os seguintes passos...

■ **Para o amor e o relacionamento**

... realizar desejos significativos e desistir de desejos sem sentido; além disso,...

■ **Para o sucesso e a felicidade na vida**

... levar a sério medos justificados e tomar providências, bem como reconhecer e deixar de lado medos injustificados.

Os dez símbolos mais importantes

A postura do personagem

Uma pessoa de perfil, hábil ao lidar com a espada, arma do espírito. **O espelho diz:** assim somos, assim deveremos ser.

A coroa

Coroa de ouro maciço e, ao mesmo tempo, guirlanda de borboletas que circundam a cabeça. **Leveza, mas também intensa determinação** – ambas características do elemento ar do espírito.

As borboletas – ❶

Leveza, mas também leviandade. **Além disso:** símbolo da alma (sopro de vida, psique). Símbolo da transformação bem-sucedida da lagarta em borboleta: **do habitudinário a quem vive com consciência.**

Cabeça de criança/silfo/elfo – ❷

A criança interior; o desejo da criança de se tornar adulta para satisfazer as próprias vontades e perder os medos infantis – porém, tudo isso em um trono cinza de pedra: talvez nele reprimido e esquecido.

O machado duplo

Duas luas crescentes (ver também o trono do *Rei de Espadas*). Símbolo do matriarcado, dos tempos matriarcais na história antiga.

Os punhos do manto – ❹

Símbolo de ornamentação, emancipação ou vaidade. **Mas também:** grilhões medianos.

Trono cinza – ❺

Cinza é a cor da imparcialidade, mas também da inconsciência. Teria a rainha consciência do trono que ocupa? O vento sopra atrás dela, e um curso d'água corre à sua esquerda, na margem inferior da imagem. Será que ela sabe o que de fato a move?

O manto de nuvens – ❻

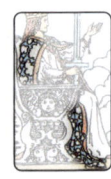

Aspectos positivos: liberdade, ausência de peso, felicidade no sétimo céu, leveza, visão panorâmica. **Aspectos negativos:** castelo nas nuvens, alienação, objetivos nebulosos.

Cabeça acima das nuvens

Aspectos positivos: sabedoria, extensão, cidadão de dois mundos ("Com a cabeça no céu e os pés na terra"). **Aspectos negativos:** alerta para alienação e a perda da realidade.

Um pássaro

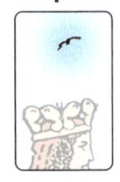

À diferença das outras cartas da corte do naipe de Espadas, que apresentam vários pássaros em suas imagens: **pensamentos que voam alto; amor; sabedoria; capacidade de intensificar as coisas e colocá-las sob um denominador comum.**

Rainha de Espadas

Você é como essa Rainha. A carta ressalta sua dignidade régia e seu lado feminino. Você desenvolve uma relação majestosa e magistral com as forças do ar. Toda a sua capacidade como ser humano é necessária, com novas ideias, boa imaginação e amor pela justiça.

"Acima das nuvens..."

■ **Significado básico**

A mestra dos valores fundamentais e dos limites claros, mas afáveis: "O que é importante? O que tem relevância na vida? Para que quero viver?". – Como toda carta da corte, essa Rainha mostra uma imagem ideal, uma relação soberana com o elemento em questão, que aqui são as Espadas (ar, palavras, pensamentos, julgamentos). Você é como essa Rainha ou poderá ser como ela e/ou encontrar uma pessoa em sua vida que corresponda a ela.

■ **Experiência espiritual**

Dificuldade para escolher, mas ser favorecido pela escolha; exame de consciência; optar pelo bem; romper as amarras.

■ **Como carta do dia**

Procure ter clareza em suas decisões e em seu comportamento. Analise seu ponto de vista e defenda-o com inteligência e naturalidade.

■ **Como prognóstico/tendência**

Uma carta que representa a desconstrução dos medos e as novas oportunidades no amor.

■ **Para o amor e o relacionamento**

Entenda o que seu coração deseja! Aperfeiçoe o amor, a vontade e a paixão com astúcia e bondade.

■ **Para o sucesso e a felicidade na vida**

Sem fervor, sem ira e sem disputa por reconhecimento... Viva sem estresse e desenvolva seu dom de entregar um trabalho preciso.

Os dez símbolos mais importantes

A postura do personagem

Esse Rei, mestre das espadas, está sentado diante de nós. Ele é nossa imagem e nosso ideal no que se refere à soberania e à mestria.

As duas luas crescentes – ❹

A noite, as emoções e os sonhos em sua configuração cambiante. Eles formam o pano de fundo, os motivos e os objetivos que precisam ser esclarecidos com a espada.

A túnica azul-clara

Ela é marcada pela dimensão celestial e espiritual, pelo anseio, pelo azul, pela melancolia e pela parte mais interna da chama, que arde em tom de azul.

A cabeça acima das nuvens

Aspectos positivos: conhecimento, extensão, cidadãos de dois mundos ("Com a cabeça no céu e os pés na terra"). **Aspectos negativos:** alerta para a alienação e a perda de realidade.

A espada inclinada – ❶

Seria sua espada apenas o prolongamento do braço, com humores e anseios variáveis? Ou o modelo do conhecimento e da sabedoria, que nos ajuda em nossos anseios e necessidades?

O manto cinza – ❺

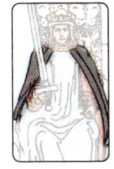

A roupa do rei é marcada pelas cores azul-clara e vermelha. **Contudo:** o manto cinza pode fazê-las desaparecer. Uma teoria não comprovada na prática pode acabar com o gosto pela vida e a alegria de viver. No entanto, o cinza promove a inteligência e a justiça.

As borboletas – ❷

Leveza, mas também leviandade. **Além disso:** símbolo da alma (sopro de vida, psique). Símbolo da transformação bem-sucedida da lagarta em borboleta: **do habitudinário a quem vive com consciência.**

O trono cinza no céu

Com as armas do espírito, podemos levar uma vida consciente. Isso é mostrado pelo trono, que constrói uma ponte entre o céu e a terra, o desejo e a realidade, a teoria e a prática.

O casalzinho de humanos ou elfos

Amor, felicidade e dança determinam o contexto. Contudo, na retaguarda, possivelmente no inconsciente.

Dois pássaros – ❻

Pensamentos que voam alto, visão panorâmica, grandes planos. **O número dois:** ocupar-se de si mesmo e dos outros.

Rei de Espadas

Você é como esse Rei. A carta ressalta sua dignidade régia e, ao mesmo tempo, seu lado masculino. Você possui e desenvolve uma relação majestosa e superior com as forças do ar da vida.
É necessário todo o seu potencial como ser humano, com senso de independência, clareza e perspicácia.

Às cegas...

■ **Significado básico**

O mestre do conhecimento: "O que sei da vida/do meu parceiro/do momento? Como obtenho clareza?". – Como toda carta da corte, esse Rei mostra uma imagem ideal, uma relação soberana com o elemento em questão, que aqui são as Espadas (ar, palavras, pensamentos, julgamentos). Você é como esse Rei ou poderá ser como ele e/ou encontrar uma pessoa em sua vida que corresponda a ele.

■ **Experiência espiritual**

Ter uma visão abrangente das (grandes) relações. Dar leveza ao que é pesado.

■ **Como carta do dia**

Dê sua contribuição a um convívio melhor.

■ **Como prognóstico/tendência**

Essa carta indica forças espirituais poderosas, bem como energias mentais, relativas ao conhecimento e à consciência, que emanam de você e/ou tentam atuar com outras sobre você.

■ **Para o amor e o relacionamento**

Não será no jogo calculista nem na inteligente falta de compromisso que você obterá o que realmente precisa. Atenha-se ao que de fato o afeta.

■ **Para o sucesso e a felicidade na vida**

O sucesso ou fracasso depende de conseguirmos nos questionar, por assim dizer, nos observar a partir de fora e de compreendermos como os outros veem a si mesmos e a nós.

Os dez símbolos mais importantes

A postura do personagem

Uma pessoa de perfil, que cavalga brandindo uma espada com a mão esquerda (a partir da perspectiva do observador) no reino do inconsciente.

A armadura – ❶

Ele está armado para uma contenda: cavalga contra o inconsciente e, desse modo, torna-se fanático, **ou é um radical:** em sentido literal, alguém que busca suas raízes e corre em direção a elas.

Cavalo e cavaleiro

O **cavalo cinza** alerta para o desinteresse e a indiferença em relação ao instinto, ao corpo e à força motriz. **Ou:** ele encoraja o indivíduo a ser conscientemente neutro e imparcial na clareza mental dos instintos e impulsos.

As borboletas – ❷

Leveza, mas também leviandade. **Além disso:** símbolo da alma (sopro de vida, psique). Símbolo da transformação bem-sucedida da lagarta em borboleta: do habitudinário a quem vive com consciência.

Os pássaros vermelhos – ❸

Aspectos positivos: pensamentos apaixonados, objetivos que voam alto. **Aspectos negativos:** alerta para um falso fervor e um amor (vermelho) que cega ou nos faz perder a cabeça.

Contra o vento – ❹

Esse cavaleiro corre contra o vento: ele se opõe às (antigas) forças e busca "novos ares". **Aspectos positivos:** rapidez mental, entusiasmo inspirador. **Aspectos negativos:** fanatismo, radicalismo.

A espada maior do que a imagem – ❺

O alcance da espada ultrapassa o formato da imagem. **Aspecto positivo:** somos capazes de compreender coisas que ultrapassam nosso horizonte. **Aspecto negativo:** não temos noção de onde colocamos a mão ("aprendiz de feiticeiro").

Penas vermelhas/tecido vermelho – ❻

Vermelho-escuro, emoções profundas, grandes paixões! **Aspecto positivo:** grande amor que supera muitas coisas. **Aspecto negativo:** alerta para emoções inconscientes e galopantes.

Um campo extenso (solo, campo cultivado) – ❼

Representado quase sem vegetação: **alerta** para o distanciamento da terra. **Missão:** com a espada, a arma do espírito, honrar e coroar a criação (ver a carta *Ás de Espadas*).

Cinco pássaros – ❽

Aspectos positivos: variedade e quintessência do espírito. **Aspectos negativos:** falta de unidade e de agregação.

Cavaleiro de Espadas

*Você é como esse Cavaleiro. A carta ressalta sua soberania e, ao mesmo tempo, seu lado masculino. Você possui e desenvolve uma relação magistral e holística com as forças do ar da vida.
É necessária sua coerência como ser humano,
com muita curiosidade, espírito investigativo e perspicácia.*

Mais rápido do que a sombra...

■ **Significado básico**

O mestre do conhecimento: "O que há por trás? O que há de novo? O que acontece no final?". – Como toda carta da corte, esse Cavaleiro mostra uma imagem ideal, uma relação soberana com o elemento em questão, que aqui são as Espadas (ar, palavras, pensamentos, julgamentos). Você é como esse Cavaleiro ou poderá ser como ele e/ou encontrar uma pessoa em sua vida que corresponda a ele.

■ **Experiência espiritual**

O radicalismo de quem ama de verdade.

■ **Como carta do dia**

Você tem de "animar" os objetivos. Assim, terá uma grande energia para se dedicar a eles, para vivenciar muitas coisas e se afirmar.

■ **Como prognóstico/tendência**

Não se esconda atrás daquilo que "se" faz ou diz. Desenvolva seu potencial.

■ **Para o amor e o relacionamento**

Empenhar-se de maneira consciente por mais amor, inteligência e alegria está na ordem e é a oferta do dia. Simplesmente dedicar mais tempo, mais ideias e mais fantasia a seus desejos mais profundos!

■ **Para o sucesso e a felicidade na vida**

Deixe as categorias de valores para trás. Em seus pensamentos, proceda de maneira diferente do que costuma fazer. Ouse ter (mais) compromisso e coerência.

Os dez símbolos mais importantes

A postura do personagem

O Pajem também é mestre em lidar com as espadas, as armas do espírito. Destacam-se a perna de sustentação e a perna de apoio. O Pajem olha contra o vento e vira-se com ele. Mantém sua espada recuada ou prepara-se para contra-atacar.

Céu/nuvens

O céu clareia, o vento leva as nuvens embora. Assim, esse personagem também representa vento fresco e iluminação espiritual.

Perna de apoio e perna de sustentação – ❶

Aspectos positivos: alternância entre brincadeira e seriedade, despreocupação e perseverança. **Aspectos negativos:** indecisão, brincadeira e coquetismo.

A espada maior do que a imagem – ❷

O alcance da espada ultrapassa o formato da imagem. **Aspecto positivo:** entendemos coisas que ultrapassam em muito nosso horizonte. **Aspecto negativo:** não fazemos ideia de que são feitas as coisas que tocamos ("aprendiz de feiticeiro").

Botas vermelhas – ❸

Aspectos negativos: pessoa destemida, fanatismo. **Aspectos positivos:** vontade, dinamismo, espírito que não se deixa abater.

Roupa cor violeta – ❹

A cor violeta marca o limite do visível (antes dos raios ultravioletas, que são invisíveis). **Aspecto positivo:** examinar os limites com facilidade. **Aspectos negativos:** falta de respeito, violação dos limites.

Paisagem verde-amarela – ❺

Verde: crescimento, natureza, naturalidade, frescor, esperança, desenvolvimento gradual. **Amarelo:** busca de sentido, mas também inveja. Ouro, mas também cobiça.

Montanhas azuis

Como paisagem da alma, o "ambiente" mostra que tudo necessita de seu próprio lugar, altos e baixos, proximidade e distância. Desse modo, alcança-se o que a montanha azul simboliza: o casamento entre céu e terra, entre desejo e realidade.

Bando de aves – ❻

Aspectos positivos: *brainstorming*, pensamento criativo e múltiplo. **Aspectos negativos:** entusiasmo, distração, esbanjamento, falta de intensificação.

O céu azul-claro

Céu = reino de Deus e da vontade. **Azul-claro** = céu (aberto); água (clara). **Aspectos positivos:** alegria, leveza, vontade clara, mente clara. **Aspectos negativos:** adorar alguém ou alguma coisa, ilusão.

Pajem/Valete de Espadas

Você é como esse Pajem (ou Valete). A carta ressalta sua soberania e, ao mesmo tempo, seu lado jovem, de adolescente. Você possui e desenvolve uma relação magistral, sem ideias preconcebidas, com as forças do ar da vida. Toda a sua habilidade como ser humano é necessária, com muita perspicácia e capacidade de julgamento.

Atenha-se ao que lhe traz clareza!

■ Significado básico

A aventura das ideias e do conhecimento: "O que está acontecendo? O que se passa? Que ideia me ocorre?". – Como toda carta da corte, esse Pajem (Valete) mostra uma imagem ideal, uma relação soberana com o elemento em questão, que aqui são as Espadas (ar, palavras, conhecimento, pensamentos, julgamentos). Você é como esse Pajem (Valete) ou poderá ser como ele e/ou encontrar uma pessoa em sua vida que corresponda a ele.

■ Experiência espiritual

Admirar-se. Estar atento. Pensar além de si mesmo.

■ Como carta do dia

Procure ter uma visão geral das coisas e tempo para um *brainstorming* criativo. Defenda sua decisão. Mostre iniciativa e apresente seus pensamentos e ideias.

■ Como prognóstico/tendência

Essa carta indica novidades, pensamentos divertidos e experimentais e alerta para a boa-fé e a falta de noção. Você domina a espada!

■ Para o amor e o relacionamento

Amor em todos os relacionamentos... Ouse alguma coisa! Há mais caminhos e possibilidades do que se imagina!

■ Para o sucesso e a felicidade na vida

O amor é um estilo de vida! Experimente-o também na profissão e no dia a dia – você conseguirá mais coisas com essa atitude do que sem ela!

Os dez símbolos mais importantes

A carta como espelho

Somos como a espada: uma razão afiada tem dois gumes. Embora o homem e sua consciência sejam o coroamento da criação, com suas invenções, ele também ameaça a Terra.

A espada azul e branca

Emoção e rigidez, espiritualidade e espírito determinam a espada. **Missão:** reconhecer e dominar seu duplo corte. Evitar e curar ferimentos e tornar leve o que é pesado.

A mão saindo da nuvem – ❶

A espada foi dada de presente a você. Você é um presente – para si e para o mundo. Aceite-a e faça algo com ela. Entenda, aja e faça sua razão brilhar.

As seis gotas douradas – ❷

A centelha divina, a centelha da consciência, no sentido religioso do "Espírito Santo", o número 6 também alude à carta *VI – Os Enamorados*: a história do paraíso perdido e redescoberto.

O céu cinza

Aspectos positivos: neutro, imparcial, descontraído, sem preconceitos, equilibrado. **Aspectos negativos:** pensamentos confusos; pessoa acanhada, inconsciente, apática, inexpressiva. **Literalmente:** cruel.

A coroa dourada – ❸

Vemos quatro pontas: com a da espada, a coroa tem cinco pontas e, assim, torna-se o símbolo da quintessência ("a quinta força"). Um espírito que cura é a quintessência a partir das experiências vividas.

Os ramos – ❹

Aspectos negativos: alienação e destruição. A espada saqueia a natureza. **Aspectos positivos:** suspensão, coroamento e elevação da natureza por meio da consciência. Atenção e valorização de nossas bases naturais.

As montanhas azuis e violeta – ❺

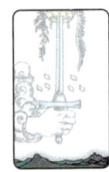

Aqui, elas simbolizam a abstração e o panorama espiritual. **Aspectos negativos:** a teoria é mais importante do que o bem-estar na prática. **Aspectos positivos:** ninguém está preso à terra natal; pode optar por um julgamento livre.

Os picos – ❻

Os pontos de contato entre o céu e a terra. O lar simbólico do ser humano como cidadão de dois mundos. **Missão:** esclareça quais são seus objetivos de vida, conscientize-se de quais picos deseja alcançar.

A altura/o espaço aéreo

"Há mais coisas entre o céu e a terra do que sonha nossa vã filosofia" (William Shakespeare). Todos os ases nos lembram de que podemos e devemos nos familiarizar com esse reino intermediário.

ÁS DE ESPADAS

Um presente da vida: a espada simboliza a independência espiritual, a seletividade do espírito, de nossas palavras, de nossos pensamentos e julgamentos. As Espadas simbolizam a evolução humana no espectro entre a coroação e a vulnerabilidade da criação.

Viva o que nos permite ser fortes e livres!

■ **Significado básico**

As espadas são "as armas do espírito", palavras, pensamentos e julgamentos. Aqui, trata-se de trabalho intelectual, de conhecimento, compreensão e aprendizado, de tudo o que, por fim, facilita a vida. É decisivo que algo esteja *claro* ou seja esclarecido. O conceito fundamental é o espírito, que se distingue da mera razão pelo fato de poder avançar até o ser, a essência de uma pessoa ou de uma circunstância. O Ás proporciona um acesso elementar. Aproveite-o!

■ **Experiência espiritual**

Curar antigas feridas com amor e consciência.

■ **Como carta do dia**

Erga-se, endireite-se. Aproveite uma nova clareza.

■ **Como prognóstico/tendência**

Você recebe a oportunidade de esclarecer e viver melhor desejos e medos que, até o momento, eram indefinidos.

■ **Para o amor e o relacionamento**

"Os olhos do amor são os olhos do espírito" (W. Shakespeare). Uma vida espirituosa é uma vida no amor e com ele.

■ **Para o sucesso e a felicidade na vida**

Você possui e precisa de uma boa capacidade intelectual e de muito fôlego. Treinar o cérebro e o corpo dão sustentação a seu cavalheirismo.

Os dez símbolos mais importantes

A postura do personagem

Postura ereta, pernas ligeiramente abertas, braços cruzados sobre o tórax. Há uma boa fluidez no corpo de cima para baixo e inversamente. Ou: do tórax para cima, a pessoa está bloqueada.

A venda nos olhos – ❶

O reino do intelecto vai muito além da visão. De fato, pode-se até dizer que começa apenas onde a visão termina. **Aspectos negativos:** parcialidade, falta de perspectiva. **Aspectos positivos:** trabalho intelectual, imparcialidade.

A envergadura das espadas – ❷

Pensar de maneira global – agir *in loco*! A incondicionalidade e a liberdade do espírito devem unir-se à condicionalidade, ou seja, às necessidades práticas da existência. **Além disso:** um horizonte espiritual mais amplo.

Os braços cruzados – ❸

O tórax é a sede do coração e – de acordo com uma opinião difundida – da alma. **Aspectos positivos:** dele partem todos os pensamentos, que para ele são retransmitidos. **Aspectos negativos:** bloqueio, limitação.

A mancha branca na testa – ❹

Alusão ao terceiro olho, à percepção superior, que obtemos quando mantemos o equilíbrio entre terra e água, sonho e realidade.

Personagem de cinza

Aspectos positivos: neutro, imparcial, descontraído, sem preconceitos, equilibrado. **Aspectos negativos:** pensamentos confusos; pessoa acanhada, muito fechada; inconsciente, apática, inexpressiva. Literalmente: cruel.

A grande extensão de água

"Há mar na vida" (Judith Bärtschi). O excedente, o ciclo hidrológico, as grandes emoções. Elas estão presentes; resta apenas saber se o personagem as sente às suas costas e se, portanto, as considera de maneira consciente.

Lua crescente

É preciso estar atento, do contrário, a lua crescente agirá com suas intuições, mas também com seus humores de maneira incompreensível e pelas costas. Além disso: "[...] interpretar e viver os próprios sonhos!".

As ilhas ou rochas – ❺

As ilhas da consciência no mar da inconsciência (uma imagem marcada por Sigmund Freud). **Além disso:** a capacidade de concluir o que é visível com base no que está escondido sob a superfície.

A outra margem – ❻

A tarefa ou capacidade de perceber o outro lado, ou seja, de perceber o desconhecido, o inconsciente e o estranho em si mesmo e admitir a diferença.

Dois de Espadas

As espadas – as armas do espírito – possuem uma grande envergadura e ultrapassam a moldura da imagem. A lua e o mar representam as emoções, a espiritualidade e, de modo geral, um "excedente" na vida. No entanto, essa esfera da alma está atrás do personagem e possivelmente é desconhecida e inconsciente.

"Só se enxerga bem com o coração" (A. de Saint-Exupéry)

■ **Significado básico**

A venda nos olhos representa um alerta para preconceitos e a falta de perspectiva. Em sentido positivo, os olhos vendados significam imparcialidade e a passagem para o *olhar espiritual*. Pois o reino do espírito, no qual você se move com suas questões atuais, só se inicia além da visão.

■ **Experiência espiritual**

Entre o dia e o sonho... em um ponto de contato entre a alma e a razão.

■ **Como carta do dia**

Não se refugie na falta de clareza. Amplie seu horizonte e aprofunde-se em si mesmo para poder enxergar além do que é superficial.

■ **Como prognóstico/tendência**

Não vale a pena brincar de "cabra-cega". A realidade não consiste em vias de mão única nem em soluções descartáveis.

■ **Para o amor e o relacionamento**

Ponha sua fantasia em jogo e desenvolva sua capacidade de imaginação. Assim, você afasta o "véu cinza" também de seu relacionamento.

■ **Para o sucesso e a felicidade na vida**

Preserve esse lugar no ponto de contato entre o consciente e o inconsciente; assim, você não sofrerá com a falta de ideias e soluções criativas!

Os dez símbolos mais importantes

A ausência de personagem

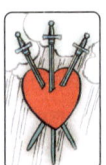

Uma parte do ser humano é como que vista através de uma lupa. Encontramos aqui, no nível das Espadas, o que é mostrado pela carta *III – A Imperatriz*: avançar até o que é essencial, unir coração e razão.

A carta como espelho I

As hachuras na imagem podem representar a chuva. A pessoa se sente ferida, está sofrendo, a atmosfera é ruim. Como diz a famosa canção, *it's raining in my heart* (está chovendo em meu coração).

A carta como espelho II

As hachuras na imagem também podem representar um espelho. As nuvens tornam-se menos densas. Como quando a flecha do amor atinge nosso coração, sentimo-nos atingidos, mas inspirados e aliviados!

As proporções

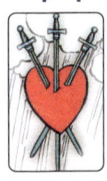

Em comparação com as demais proporções, esse coração é bem maior, e as espadas, relativamente pequenas. Você tem um coração grande! Defenda-o! Tenha cuidado e proteja-se das alfinetadas!

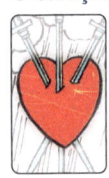

O coração – ❶

Por assim dizer, toda a nossa herança e nossas possibilidades estão em nosso sangue. Elas são nosso dote – herança e missão. Como todas as emoções, nem sempre as do coração são positivas.

As espadas – ❷

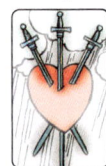

A missão das espadas consiste em selecionar, entre as circunstâncias do coração, a opção correta e chamar as coisas pelo nome, colocando-as sob o denominador certo.

A união

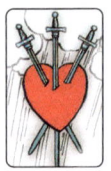

As espadas e o coração formam um "ponto de intersecção", a ligação do coração com a razão. Do ponto de vista psicológico, esse é o embrião da consciência. **Na prática, trata-se de** ir direto ao ponto!

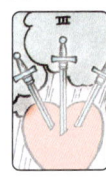

As nuvens – ❸

Chuva, neblina, falta de clareza. **Mas também:** a partir da ligação entre o coração e a razão, a consciência nos permite dizer adeus aos nebulosos castelos nas nuvens e realizar sonhos cheios de significado.

As hachuras – ❹

Por um lado, chuva; por outro, característica de um espelho. Ao mesmo tempo, além de um símbolo de tristeza ou preocupação, desde tempos antigos a chuva representa uma ligação entre o céu e a terra.

O céu cinza

Aspectos positivos: neutro, imparcial, descontraído, sem preconceitos, equilibrado. **Aspectos negativos:** pensamentos confusos; pessoa acanhada, inconsciente, apática, inexpressiva. **Literalmente:** cruel.

Três de Espadas

As três espadas perfuram o coração. O que isso significa, além de dor, sofrimento e preocupação? Também conhecemos a imagem das flechas do cupido, que atingem o coração. De modo geral, gostamos de ver esse deus do amor e suas flechas. Aparentemente, ter o coração atingido nos faz bem!

"Ponto de intersecção": o coração se depara com as armas do espírito.

■ **Significado básico**

Espírito (espadas) e emoção (coração), coração e razão se encontram e se engrenam. Os pensamentos conscientes avançam até o que o coração sente em seu mais profundo íntimo. E o que inicialmente era compreendido de maneira embrionária e intuitiva no coração, torna-se compreensível e consciente por meio das espadas. Você entenderá o que traz no coração e o que deverá fazer.

■ **Experiência espiritual**

Entenda o que o mundo mantém unido em seu íntimo... e afeta em você.

■ **Como carta do dia**

Examine a fundo suas lembranças e expectativas. Quem participa recebe mais da vida.

■ **Como prognóstico/tendência**

Expresse claramente o que você pensa e sente. As feridas cicatrizam quando cuidamos delas.

■ **Para o amor e o relacionamento**

Dê uma oportunidade ao amor, bem como ao amor pela verdade e pela sinceridade.

■ **Para o sucesso e a felicidade na vida**

Cuidar em vez de sofrer!

Os dez símbolos mais importantes

A postura do personagem

Inação, petrificação, falta de vida, enrijecimento, esgotamento, sono profundo, oração, monumento. **Ou então:** viagem espiritual, tranquilidade, meditação profunda, máxima concentração, intensa energia espiritual, alta tensão.

O personagem deitado I – ❶

Sarcófago, devoção aos santos, martírio, morte heroica, rigidez humana, falsos pensamentos. UTI, torpor, faquir, Branca de Neve após morder a maçã envenenada. Choque, trauma, situação de pressão.

O personagem deitado II

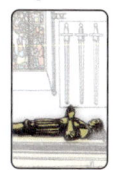

Um divã no consultório do psicanalista, o catre em um convento, tratamento, vida espiritual, agilidade mental, imersão em camadas mais profundas da consciência. O corpo repousa enquanto a mente trabalha a todo vapor.

O personagem deitado III

Sono, vida de sonho, o sonho se mostra no vitral. Perigo de ilusão e imaginação. **Aspectos positivos:** imaginação; compor uma imagem a partir de muitas experiências. Sono consciente e sonhos.

A cor cinza

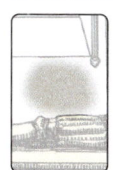

Aspectos positivos: neutro, imparcial, descontraído, sem preconceitos, equilibrado. **Aspectos negativos:** pensamentos confusos; pessoa acanhada, muito fechada, inconsciente, apática, inexpressiva. **Literalmente:** cruel.

A cor amarela

Na imagem, um "amarelo sujo" = misturado ao preto. **O sol misturado à sombra:** uma consciência que também alcança as profundezas. No entanto, também febre, problemas mentais, falta de clareza.

A ordenação das espadas – ❷

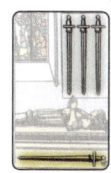

Aspectos positivos: pensamentos e conhecimentos são selecionados. Experiências são assimiladas. Pensamento concentrado, imparcial e abstrato. **Aspectos negativos:** pensamentos incompreendidos, armas do espírito não utilizadas.

O mosaico/quebra-cabeça – ❸

Aspectos positivos: assimilar experiências e reuni-las em uma imagem completa. Resolver o enigma (da vida). Reconhecer relações. Conhecimento dos detalhes. **Aspectos negativos:** lembrança fragmentada, suposição, imaginação.

O vitral – ❹

O oposto (e sua superação) da vida interna e externa, do mundo espiritual e da vida cotidiana, de ideais perfeitos e da realidade limitada. **Aspectos positivos:** conhecimento e compreensão. **Aspecto negativo:** o mundo fica "do lado de fora".

A palavra *Pax* – ❺

Do latim, *paz*. **Aspectos positivos:** satisfação, paz de espírito, desempenho espiritual. Profundo contentamento. Felicidade. Serenidade. **Aspectos negativos:** medo de discussão, recuo, mundo da fantasia como ponto de fuga.

Quatro de Espadas

Imagem de grande concentração espiritual e de consciência tranquila. Mas também de inação, pensamentos paralisantes, torpor. A mente humana funciona como a respiração: é tranquila e relaxada quando está em seu ritmo e pode trabalhar sem ser perturbada.

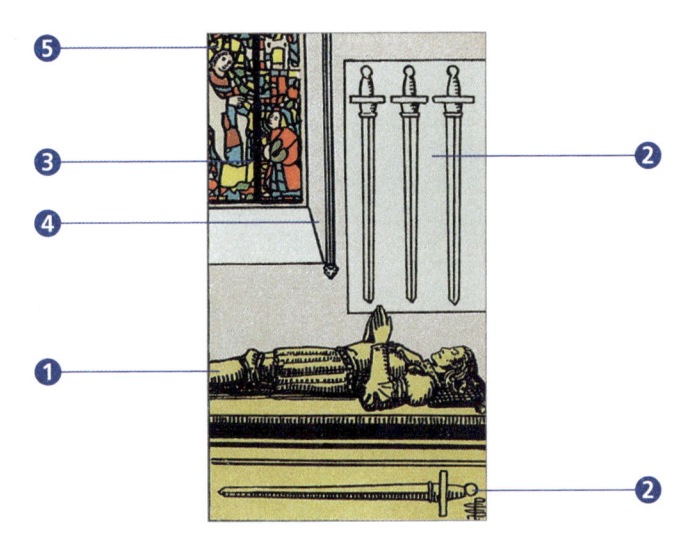

Petrificado... Drogado... Sono profundo... Meditação...

■ **Significado básico**

Uma cisão entre a vida e a mente se mostra como perigo: algo está paralisado na imagem, a vivacidade da ação e/ou do pensamento. – No caso positivo, a mente se aprofunda ainda mais, para finalmente trabalhar em paz: ela poderá assimilar as experiências e refletir até o fim, até que as inúmeras peças componham um mosaico (como o do vitral) e resolvam um quebra-cabeça. A palavra *pax* ("paz", em latim) aparece no vitral.

■ **Experiência espiritual**

Contentamento, profundo relaxamento, sonho claro, viagem espiritual...

■ **Como carta do dia**

Permita-se um descanso! Aproveite seu potencial intelectual, ative possibilidades intelectuais inativas. Você tem algumas tarefas pela frente!

■ **Como prognóstico/tendência**

Você tem condições de superar grandes contradições e esclarecer contrastes difíceis. Relaxe para que sua mente consiga se concentrar e se aguçar.

■ **Para o amor e o relacionamento**

Tente relaxar, interna e externamente, livrando-se da inveja, do ciúme e de todo fervor exagerado.

■ **Para o sucesso e a felicidade na vida**

Deixe sua mente trabalhar em todas as direções. Em suas questões atuais, há grandes pensamentos latentes!

Os dez símbolos mais importantes

A postura do personagem 
Grande, pequena e minúscula – essas poderiam ser as etapas de uma evolução, uma história muito pessoal. Ao mesmo tempo, uma cena que mostra você em determinada discussão ou encontro com outras pessoas.

O olhar para trás – ❶ 
Olhar do personagem maior para os outros dois menores. **Aspectos negativos:** superioridade, alegria com a infelicidade alheia, malícia. **Aspectos positivos:** respeito, participação, solução, alegria por estar crescendo.

Os três personagens I – ❷ 
O caminho da evolução em três etapas, da menor à maior: no início, o personagem tinha um comportamento "sentimental" e, sem as espadas, sentia-se muito pequeno e assustado...

Os três personagens II – ❸ 
... no nível II, o personagem ganhou distância e cresceu. Atualmente (personagem maior, em primeiro plano) sabe se virar (tem três espadas). Ao olhar para trás, nesse momento compreende e evita os problemas antigos.

Os três personagens III – ❹ 
O caminho dos personagens também pode ser descrito inversamente: um percurso do grande ao pequeno; um percurso de volta à nascente, ao rio; um retorno; reconsideração; a busca pela água da vida.

Junto à água 
União entre razão e emoção (ar e água). **Aspecto negativo:** emoções ruins são combatidas com a espada. **Aspectos positivos:** problemas são resolvidos com as armas do espírito e, assim, as necessidades são satisfeitas.

As nuvens 
Aspectos positivos: o manto de nuvens cinza é dilacerado. Vento fresco. Ar puro. **Aspectos negativos:** o céu claro se encobre; objetivos espirituais falsos ou vagos. A discórdia como que paira no ar.

Três mais duas espadas – ❺ 
Aspectos negativos: conhecimento superficial; parte das armas do espírito não é utilizada; críticas triviais. **Aspectos positivos:** as dúvidas são superadas (duas espadas); age-se de acordo com o que se compreendeu (três espadas).

As cores vermelha e verde 
Entusiasmo e naturalidade/crescimento/amadurecimento. **Aspectos negativos:** fervor, ciúme, escárnio, alegria com a infelicidade alheia, imaturidade. **Aspectos positivos:** vontade e força de crescimento, muita disposição para aprender, alegria com o progresso e o desenvolvimento.

As ilhas/margens – ❻ 
Aspecto negativo: conhecimento irregular e fragmentado, que repousa como ilhas na água. **Aspectos positivos:** outra margem, incluir o contrário, considerar o outro lado, superar as contradições.

Cinco de Espadas

*O personagem grande triunfa sobre os dois pequenos – isso pode ser justo e bom ou configurar um ato de injustiça e falta de compaixão.
Ou então a imagem mostra três etapas de evolução.
Quando se olha para trás, consegue-se compreender na atualidade as antigas dificuldades e evitá-las no futuro.*

A quintessência das espadas: aprender com as experiências!

■ **Significado básico**

Do ponto de vista positivo, a imagem mostra um processo de crescimento e cura: inicialmente, você tem um comportamento sentimental (perto da água), ainda não tinha visto as espadas (às suas costas) e estava assustado (com as mãos tampando o rosto). Depois, você cresceu (em termos de experiência e maturidade) e se tornou maior. Atualmente, você está maior do que nunca, dispõe das espadas e está feliz com o que sabe. Ao olhar para trás, você elimina antigas dúvidas e fraquezas.

■ **Experiência espiritual**

Libertação de hábitos infelizes e da obrigação de repetir emoções inconscientes.

■ **Como carta do dia**

Busque o sentido da vitória e da derrota. Utilize as armas do espírito como remédio para a cura.

■ **Como prognóstico/tendência**

Nunca é tarde e raramente é cedo demais para assimilar experiências e aprender com elas. Você tem muito a ganhar.

■ **Para o amor e o relacionamento**

Não deixe que as dificuldades o "puxem para baixo". Lute pela clareza e pela honestidade.

■ **Para o sucesso e a felicidade na vida**

Frutifique seu conhecimento. Repare nas duas espadas no chão: proteja-se de promessas vazias e suposições sem fundamento.

Os dez símbolos mais importantes

A postura do personagem

As três figuras "estão no mesmo barco" e personificam o esforço, a dedicação e a atitude de deixar as coisas acontecerem. O barco (também) é uma metáfora comum para representar o espírito consciente, que navega nas águas do inconsciente.

O barqueiro

Aspectos positivos: o mediador entre os mundos (como o barqueiro Sidarta, de Hermann Hesse). **Aspectos negativos:** falta de solução, inquietação, falta de lar (como o barqueiro no conto de fadas "Os três cabelos de ouro do diabo", dos Irmãos Grimm).

O personagem I – ❶

O lado "masculino" em você, o lado ativo, a ação consciente. **Perigo:** achar que sabe tudo, decidir pelos outros. Compulsão por controle. **Aspectos positivos:** assumir a responsabilidade; sem fatalismo; dedicação ao trabalho.

O personagem II – ❷

O lado "feminino" em você, o lado passivo, a dedicação consciente. **Perigo:** fraco poder de decisão, complexo de inferioridade, deixar que os outros decidam em seu lugar. **Aspectos positivos:** abertura para o desenvolvimento. Paciência.

O personagem III – ❸

O lado "infantil" em você; a decisão inconsciente; aquilo que acontece a você. **Perigo:** dependência, falta de autonomia, surpresas desagradáveis. **Aspectos positivos:** curiosidade, abertura para o novo, espanto.

O bastão preto – ❹

Nesse caso, somente quando se entra em contato com o fundo (as bases) é que se avança. **Aspectos positivos:** minuciosidade, investigação dos motivos. **Aspectos negativos:** preto = desconhecido. Justamente as razões e os motivos são um ponto cego na óptica.

As seis espadas – ❺

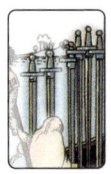

Aspectos negativos: antigos julgamentos são retomados em toda nova situação; o fardo espiritual obstrui a visão. **Aspectos positivos:** as armas do espírito como bússola; experiências conscientes; mudança coerente.

Visão das costas

Aspectos negativos: dar as costas a si mesmo; não se aceitar; pensamento em sentido único. **Aspectos positivos:** do ponto de vista do observador, a percepção consciente do lado sombrio; investigação dos motivos inconscientes.

Duas águas distintas – ❻

Águas agitadas e calmas: velho e novo, o trabalho de uma mudança consciente e de uma transição da transformação.

As cores azul e cinza

Aspectos positivos: neutro, imparcial, sem preconceitos, descontraído, vontade clara, mente clara. **Aspectos negativos:** inconsciente, apático, pensamentos confusos, prender-se a antigos julgamentos, repetição, falta de ar fresco.

Seis de Espadas

Superficialmente, a cena no barco representa uma mudança de residência. Ao mesmo tempo, ela mostra a força e o trabalho do espírito para unir mundos diferentes, ter lucidez e estar atualizado. A transferência de uma para outra margem corresponde à transferência de uma língua para outra.

O destino do barqueiro.

■ Significado básico

Unir mundos, ter compreensão pelo que é diferente (inclusive pelo homem, pela mulher, pela criança na própria pessoa). O bastão preto é decisivo: o barco só se move quando o bastão toca o fundo. Na linguagem metafórica do tarô: é preciso ter contato com as próprias bases, do contrário, nada acontece. (Do contrário, com as espadas no barco, carregamos apenas velhos fardos para uma nova situação.) Ter clareza das próprias razões, dos próprios motivos e das próprias intenções estimula o convívio e deixa a navegação mais clara (as espadas na proa).

■ Experiência espiritual

Experiências básicas como amor, morte, plenitude ou vazio.

■ Como carta do dia

Seja *minucioso* em suas análises. Apresente suas necessidades para os outros de maneira ordenada.

■ Como prognóstico/tendência

"Se você souber o que faz, poderá fazer o que quiser" (Moshé Feldenkrais). A promessa da imagem é uma consciência em funcionamento, e...

■ Para o amor e o relacionamento

... isso se reconhece pelo fato de que você se encontra "no rio", de que ele corre em você e entre você e seus semelhantes e...

■ Para o sucesso e a felicidade na vida

... de que você sabe conduzir o próprio curso na "corrente" do tempo e dos acontecimentos.

Os dez símbolos mais importantes

A postura do personagem

Vemos o personagem em uma postura peculiar, que representa, ao mesmo tempo, um enigma e uma solução: correr para a frente e olhar para trás. Com movimentos cautelosos que, talvez, também andem em círculos.

Cinco e duas espadas – ❶

Você age de acordo com o que consegue entender. **Aspectos negativos:** você deixa algo importante para trás (duas espadas), que lhe pertence. **Aspectos positivos:** você deixa as dúvidas (a duas espadas) para trás.

A postura corporal I – ❷

Correr para a frente, olhando para trás: símbolo do conflito interno, da vida inconsciente, da falta de confiança: "dar a seta para a esquerda, mas virar à direita". A contradição viva, um enigma vivo.

A postura corporal II

Símbolo da vida consciente, como expresso pela citação de Kierkegaard, na página seguinte. Trata-se de escolher de maneira consciente o próprio caminho (nesse caso, a carta do arcano *VII – O Carro* está no mesmo nível das espadas).

Na ponta dos pés – ❸

É decisivo desenvolver o próprio caminho com cautela à medida que se avança. A caminhada na ponta dos pés expressa esse cuidado. Ou então a imagem alerta para segredos e surpresas que passam despercebidos.

As tendas – ❹

Aspectos negativos: inquietação, falta de lar, nomadismo, partir em viagem, estar sempre fora de casa e nunca se sentir em casa. **Aspectos positivos:** viver em movimento; tranquilidade e continuidade em transformação; estar sempre em casa no próprio caminho.

O grupo de pessoas – ❺

Aspectos negativos: menosprezo da figura principal em relação a seus semelhantes. **Aspectos positivos:** clareza sobre a própria função/tarefa. – Só travamos muitas lutas com os outros enquanto faltar coragem para os próprios sonhos.

Sapatos vermelhos/chapéu vermelho – ❻

O vermelho representa a vontade, a paixão e o entusiasmo. **Aspectos negativos:** arbitrariedade da cabeça aos pés; caprichos que vão para a cabeça e os pés. **Aspectos positivos:** assuntos do coração; obra de caridade, à qual o indivíduo se dedica "de corpo e alma".

Amarelo

Sol radiante, mas também busca de sentido e inveja. **Perigo:** aproximar-se demais do sol pode significar risco de queda (delírio). **Aspectos positivos:** iluminação também do lado sombrio = consciência vigorosa e confiável.

Areia/cor de terra

Estar arraigado em um lugar, matéria, materialidade. A vida consciente tem seus fundamentos naturais; a vida inconsciente se perde. – **Associação com a areia e o número 7:** é preciso filtrar* bem para (se) entender.

---

* Em alemão, o número 7 e o verbo "filtrar" são escritos da mesma forma: *sieben*. (N. da T.)

Sete de Espadas

O personagem corre para a frente olhando para trás. Ou seu olhar e seu comportamento não fazem o menor sentido ou expressam, ao contrário, uma importante e irrefutável sabedoria de vida: "É preciso viver a vida olhando para a frente, e só é possível entendê-la olhando para trás" (Sören Kierkegaard).

Anular as contradições em si mesmo.

■ **Significado básico**

Carta da vida consciente, do autoconhecimento espiritual e, às vezes, de quem está perdido nos próprios enigmas.

O acampamento representa um lar móvel. Alerta para o "nomadismo" em sua vida (sempre na rua, nunca em casa). Além disso, encoraja a ter uma autocompreensão flexível (sempre em casa, onde se está), que pode se transformar e continuar a se mover.

■ **Experiência espiritual**

Deixar a insegurança e antigos padrões para trás... compreender o sentido dos enigmas pessoais... encontrar uma solução importante!

■ **Como carta do dia**

Essa carta convida você a testar suas obviedades: por que as coisas são assim? Também podem ser diferentes!

■ **Como prognóstico/tendência**

O personagem carrega cinco espadas, a quintessência do naipe de Espadas, e isso significa que vale a pena aprender e tratar antigos ferimentos com novas soluções. Duas espadas ficam para trás: dúvida ou excesso.

■ **Para o amor e o relacionamento**

Permita a você mesmo e aos outros fazer algo "irracional".

■ **Para o sucesso e a felicidade na vida**

Tenha coragem para realizar seus sonhos e força para enfrentar os enigmas não resolvidos em sua vida.

Os dez símbolos mais importantes

A postura do personagem

Amarrado ou compromissado? – As armas do espírito podem constranger você. **Ou então:** além da aparência e do que é palpável, inicia-se o reino da coerência pessoal.

A venda nos olhos – ❶

Aspectos negativos: falta de perspectiva, véu cinza, constrangimento. **Aspectos positivos:** justiça, imparcialidade, ausência de preconceitos, não se deixar enganar pelas aparências. União dos hemisférios esquerdo e direito do cérebro.

Amarras nos braços e no quadril – ❷

Aspectos negativos: constrangimento, impossibilidade de ação, receio de apoderar-se de alguma coisa, rigidez, não tocar em nada, não se inclinar. **Aspectos positivos:** não se curvar, não segurar nem se prender a nada, fortalecimento vigoroso do centro.

União da cabeça e das mãos – ❸

Ligação do pensamento com a ação, da cabeça com o corpo e da cabeça com o ventre. **Aspecto negativo:** grande constrangimento. **Aspectos positivos:** muito ilustrativo: compromisso no relacionamento. Além disso: retiro espiritual, fechar as janelas.

A montanha – ❹

O desapego consciente permite que o conhecimento interno se torne visível. Quem se aprofunda internamente também pode se elevar externamente com mais facilidade. As dificuldades e sua superação.

O burgo – ❺

Aspectos negativos: isolamento, prisão. Isolar-se. **Além disso:** complexo materno. **Aspectos positivos:** proteção, autonomia, segurança, identidade forte. Cuidar de si mesmo. Encontrar-se em si mesmo para se proteger.

Água e terra

Aspecto negativo: emoções atrofiadas. **Além disso:** lama, lodo, "pântano" de necessidades inconscientes. **Aspectos positivos:** da água, da terra e do sol surge toda vida. Relação consciente com os próprios fundamentos e objetivos.

As espadas ao redor – ❻

Você *tem* as espadas e pode se libertar com seu poder das amarras indesejadas. **Além disso:** as armas do espírito são seu burgo; você decide sobre a proteção, a segurança e o conforto em sua vida!

A roupa

O vermelho representa o entusiasmo e a vontade. O bege, a cor do corpo. As necessidades do corpo e da vontade são reprimidas pelas espadas, controladas, mantidas em cativeiro ou então reforçadas e apoiadas de maneira coerente.

O céu cinza

Aspectos positivos: neutro, imparcial, descontraído, consciente (ao mesmo tempo, muito concentrado). **Aspectos negativos:** "tensão no ar". Parcial, constrangido, conflituoso. **Ou então:** inconsciente, indiferente, inexpressivo (ao mesmo tempo, apático).

OITO DE ESPADAS

Se você se sente constrangido ou preso, é bom estar consciente disso. As espadas lhe permitirão cortar as amarras. Por outro lado, essa carta também representa retiro espiritual e as fases nas quais nos retraímos em um casulo para criar alguma coisa.

Livrar-se das amarras e do constrangimento.

■ **Significado básico**

Essa carta representa de maneira ilustrativa o *compromisso*, a união do pensamento e da ação: fazer o que se diz e, mais ainda, fazer o que se pensa. Visto desse modo, trata-se de uma imagem de uma coerência especial. "Há pensamentos que você não conseguirá entender se não mudar sua vida" (Werner Sprenger). Além disso, há mudanças em sua vida que você não conseguirá realizar se não entender seus pensamentos. O pensamento também se distingue por transpor o que é visível e palpável.

■ **Experiência espiritual**

Aceitar os próprios limites – eliminar as barreiras espirituais.

■ **Como carta do dia**

Em sua situação atual, a visão e a ação habitual não ajudam, tampouco uma vontade instintiva.

■ **Como prognóstico/tendência**

As convicções inadequadas prendem, enquanto as adequadas libertam e fortalecem.

■ **Para o amor e o relacionamento**

Aqui se configura uma despedida dos castelos nas nuvens e dos constrangimentos infantis.

■ **Para o sucesso e a felicidade na vida**

Confie em sua própria lógica, livre-se de obrigações que atuam como empecilhos, seja coerente consigo mesmo e com os outros!

Os dez símbolos mais importantes

A postura do personagem

Uma cena de susto ou despertar, de obscurecimento ou iluminação. – Um treino do olhar ("Ponha os óculos de lado!"), que na maioria das vezes se inicia com a pessoa cobrindo o rosto com as mãos, tal como faz o personagem na imagem.

Escurece

A escuridão representa tudo o que é desconhecido, seja o que foi reprimido e esquecido, seja o que trata de uma novidade ou de tarefas e experiências até então desconhecidas.

Clareia

Estava escuro. Na escuridão, uma luz se acende ou até mesmo, pode-se dizer, nove "faróis", nove lampejos, que são as espadas como "armas do espírito". Habitue-se aos poucos aos novos conhecimentos.

As mãos diante da cabeça I – ❶

Habitue-se aos poucos aos novos conhecimentos e percepções. Dê tempo a si mesmo. Procure relaxar (quando se cobre o rosto com as mãos, como mencionado, a escuridão aumenta à medida que relaxamos).

As mãos diante da cabeça II

Mesmo quando você se assusta, esse gesto lhe permite dar um tempo a si mesmo. Trata-se de um horizonte espiritual que, nesse momento, aparece sob uma nova luz. Não feche os olhos para isso. Deixar de olhar não vai ajudá-lo.

O casal de gêmeos – ❷

Aspectos negativos: divisão interna, conflituosidade, obstinação, não querer admitir outro lado em si mesmo. **Aspectos positivos:** conflito interno, disposição para aprender e fazer algo que normalmente não faria.

A coberta I – ❸

As rosas representam a beleza e a verdade do eu interior – daquilo que você tem em seu coração e daquilo que quer florescer em você. Aqui você encontra seu ponto de partida e de destino.

A coberta II

Nessa imagem, os signos do zodíaco e dos planetas reunidos não têm um significado astrológico especial. Nesse caso, há que se reconsiderar todo um cosmo, um ciclo completo ou um contexto.

As espadas como grade – ❹

Os pensamentos individuais não são os únicos a se transformar – aqui, todo um padrão se transforma. Todo um horizonte espiritual se apaga. Toda uma nova rede de conhecimentos vem à tona.

Contraste preto-branco-azul

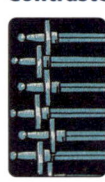

No Gênesis (Bíblia), Deus precisou de um dos seis dias da criação para separar o caos primordial em preto e branco. Para nós também se trata de um ato criativo importante quando selecionamos novamente o preto e o branco.

NOVE DE ESPADAS

É noite, você está muito assustado, tem pesadelos e pensamentos a serem assimilados: você se levanta e pensa no que pode fazer. Está escuro, e muitas luzes são acesas: lampejos, nove espadas; toda uma estrutura de novos conhecimentos e percepções. Habitue-se a ela com cautela!

Susto ou despertar revelador...

- **Significado básico**

Antigos horizontes se obscurecem. Novos horizontes surgem. Nova terra espiritual. Você busca palavras para impressões que não conseguiu expressar até o momento. Continue em seus pensamentos, tal como estava habituado a fazer. Conscientize-se dos acontecimentos que ainda esperam para ser assimilados. – A diferença entre o dia e a noite, a definição de preto e branco: um enorme trabalho criativo, quando uma situação caótica é controlada, mas um pesadelo, quando preconceitos são consolidados.

- **Experiência espiritual**

Despertar, experiência divina, pensar além de si mesmo.

- **Como carta do dia**

Fortaleça sua responsabilidade, sua paciência e sua confiança em Deus! Não se deixe impressionar demais por bloqueios ou dificuldades passageiras.

- **Como prognóstico/tendência**

"Quem já conhece sua situação, como pode ser detido?" (B. Brecht)

- **Para o amor e o relacionamento**

Veja as rosas na imagem. Sua alma deve florescer e crescer. Há muitas pessoas esperando por seu amor e que desejam lhe dar amor.

- **Para o sucesso e a felicidade na vida**

Tire suas conclusões. Ocupe-se das contradições pendentes.

Os dez símbolos mais importantes

A postura do personagem

Alerta para o sacrifício e a aniquilação. Encorajamento para a dedicação e o amor. A grande quantidade de espadas e de dons espirituais mostra não um filósofo em seu trono, mas a superação de ídolos e modelos.

O manto vermelho I – ❶

O lado negativo dessa carta não é a morte (esse é o tema da carta *XIII – A Morte*), e sim o apego a julgamentos e ideias até então, mesmo que eles nos arruínem do ponto de vista humano.

O manto vermelho II

O manto vermelho representa o fluxo da força de vida (do sangue) em uma pessoa, bem como de uma geração para outra. **Aspecto negativo:** apego a antigas teorias. **Aspecto positivo:** novas conclusões a partir de antigas experiências.

Novo horizonte – ❷

Tanto no sentido positivo quanto no negativo, os métodos utilizados até o momento não serão úteis no futuro. Os frutos do conhecimento consistem em novas decisões, nas quais o amor e a consciência recebem uma nova oportunidade.

O céu I

O forte contraste entre o preto e o amarelo indica grandes problemas ou tensões, que ainda devem ser trabalhados ou já foram resolvidos: mudança de horizonte; uma tempestade está se formando ou se afastando.

O céu II

Pôr do sol: o preto (o que é reprimido ou algo desconhecido) torna-se visível. **Nascer do sol:** surge um novo sol. Os dois processos podem ser interpretados tanto de maneira positiva quanto negativa.

As dez espadas – ❸

A semente do espírito germina. Pensamentos errôneos nos colocam em xeque-mate. Pensamentos bons e eficazes trazem luz à escuridão. Eles nos conduzem adiante, quando todos os modelos chegam ao fim.

"Prender" – ❹

As armas do espírito nos prendem de uma maneira ou de outra: somente quando nossos pensamentos se tornam um hábito é que eles perduram não apenas como teoria. Desse modo, sabemos o que é certo para nós. Testamos na prática...

O sinal da bênção – ❺

(Ver as cartas *V – O Hierofante* e *Seis de Ouros*.) **Aspecto negativo:** usar a mente, de maneira errada pode destruir muitas coisas, inclusive a bênção divina. **Aspecto positivo:** essa é uma carta especial de bênção.

À beira da água

Down by the Riverside **(à margem do rio):** em casos de ruína ou colapso, precisamos da "água da vida". As forças da alma e da espiritualidade atuam como fontes da juventude se as deixarmos fluir.

Dez de Espadas

Observe as cartas altas de Espadas como um processo de transformação da lagarta em borboleta: no Oito de Espadas, a lagarta isola-se em seu casulo. O Nove de Espadas mostra o processo de amadurecimento no isolamento, e o Dez de Espadas, o salto na nova existência.

"Você está arriado...!"

■ **Significado básico**

De uma maneira ou de outra, aqui germina a semente do espírito. No sentido negativo, as espadas como armas do espírito são *sempre* um símbolo do espírito destruidor, de distanciamento da natureza. Nesta carta culmina o lado ofensivo das Espadas. – Do ponto de vista positivo: como auge do conhecimento, a carta não mostra nenhum sábio nem guru, tampouco um rei filósofo em seu trono. Ao contrário, a imagem representa o *fim de todos os modelos*.

■ **Experiência espiritual**

"É o que é, diz o amor" (Erich Fried).

■ **Como carta do dia**

A vida continua além do horizonte! Conclua o processo atual. Novos caminhos e possibilidades já estão à sua espera!

■ **Como prognóstico/tendência**

"Se você encontrar Buda, mate-o!" A superação espiritual de modelos e ídolos: também é possível agir de maneira totalmente diferente do que foi apresentado até o momento.

■ **Para o amor e o relacionamento**

Algo novo se inicia, também no que se refere ao amor e ao relacionamento. Tenha cautela com julgamentos precipitados.

■ **Para o sucesso e a felicidade na vida**

Com "paz e presença de espírito" (Ingrid Riedel) você consegue mais. Respire bem fundo!

Os dez símbolos mais importantes

A postura do personagem

Curvado e/ou inclinado, dedicado. Contudo, ereto, majestoso. Olhar atento ou cuidadoso. Sua cabeça está curvada; ela direciona seu olhar. Às suas costas há muitas coisas: reservas ou esquecimentos.

A moeda no colo – ❶

Aspecto positivo: você se preocupa com talentos, necessidades práticas e tarefas. **Aspectos negativos:** você definha porque perde a visão geral e se prende demais a coisas superficiais e palpáveis.

Flores/frutos – ❷

Boa relação com valores, talentos e materiais. As inúmeras flores e os frutos mostram sua produtividade, sua naturalidade e sua capacidade criadora. Isso vale tanto para a natureza externa quanto para a interna.

O roseiral – ❸

Apenas nesta e na carta *I – O Mago* existe um roseiral. **Promessa:** símbolo da fertilidade. Situação de vida frutífera e abençoada. **Advertência** contra falsa ambição e, ao mesmo tempo, contra falsa modéstia.

O coelhinho – ❹

Fertilidade (rápida reprodução). Um lugar para animais = um lugar para impulsos e instintos. Amor por tudo o que vive. O pequeno, o mesquinho – complemento positivo ou negativo às flores no céu.

A cabra/o cabrito-montês – ❺

Conseguir viver e perdurar também em solo árido. O reino do cabrito-montês são as alturas arejadas das montanhas, o ponto de contato entre o céu e a terra. **Advertência:** mulher que sempre reclama. Colocar a raposa para tomar conta do galinheiro.

As montanhas azuis – ❻

Aspecto positivo: essa rainha é especialista em criar o "céu na terra". **Aspecto negativo:** como muitas outras coisas, as montanhas azuis estão atrás do personagem que, a princípio, tem de se virar para enxergá-las.

O vale

Não reconhecer com exatidão o que se encontra no local. **Aspectos positivos:** distância, visão geral, domínio dos próprios valores e talentos. **Aspectos negativos:** distância muito grande, excêntrico, avarento.

O trono cinza

O cinza representa a neutralidade. **Aspecto positivo:** serenidade consciente. **Aspecto negativo:** desprezo por tudo o que é cinza no trono: a cabeça de cabra ou cabrito-montês, a cabeça de criança logo acima e frutas como maçãs e peras.

Vermelho – branco – verde

Essa imagem traz mais cores do que muitas outras. O traje vermelho e branco e o roseiral aludem à imagem do *Mago*. A capa verde representa a naturalidade, o frescor e o crescimento, mas também alerta para a imaturidade.

Rainha de Ouros

Você é como essa Rainha. A carta ressalta sua dignidade régia e, ao mesmo tempo, seu lado feminino. Você possui e desenvolve uma relação majestosa e magistral com as forças terrenas da vida. Toda a sua capacidade como ser humano é necessária, com muito talento, realismo e cuidado.

Um roseiral aos pés das montanhas azuis...

■ **Significado básico**

A mestra das necessidades fundamentais: "Do que preciso? Do que vou viver?". – Como toda carta da corte, essa Rainha mostra uma imagem ideal, uma relação soberana com o elemento em questão, que aqui são os Ouros (terra, matéria, dinheiro, talento e corpo). Você é como essa Rainha ou poderá ser como ela e/ou encontrar uma pessoa em sua vida que corresponda a ela.

■ **Experiência espiritual**

Descobrir o milagre da vida e a riqueza da criação nas coisas do cotidiano.

■ **Como carta do dia**

"Fazendo primeiro o necessário e, depois, o possível, de repente você conseguirá o impossível" (provérbio).

■ **Como prognóstico/tendência**

A "Rainha de Ouros" designa uma força em nós, que nos leva a experiências extremas e a proezas.

■ **Para o amor e o relacionamento**

Amor e respeito pelo essencial transformam o cotidiano desprezível em um roseiral.

■ **Para o sucesso e a felicidade na vida**

Entre as possibilidades estão esforços especiais para "ascender". Mas talvez você também precise descer do seu pedestal.

Os dez símbolos mais importantes

A postura do personagem

Os olhos estão fechados ou olhando para baixo: sonolência ou prazer com a meditação. A postura mostra abertura, mas também uma pessoa que cresceu com suas missões.

Os cachos de uvas I – ❶

Uvas e vinho = máximo prazer. As alegrias dos sentidos e da sensualidade (o aspecto dionisíaco, os deuses do vinho Baco e Dioniso) e o prazer do sentido e da verdade (o aspecto apolíneo; *in vino veritas*).

Os cachos de uvas II

Desde a Antiguidade, as uvas também são um símbolo do trabalho duro, os esforços nas vinhas são uma materialização da frase: "Ganhar o pão com o suor do próprio rosto".

O castelo – ❷

Aspectos positivos: proteção e segurança. **Aspectos negativos:** fechamento, inacessibilidade. **Além disso:** transformar a terra, criar valores duradouros, produtividade, construção. Símbolo de trabalho paciente e duro (ver "O touro").

O touro – ❸

Antigo símbolo da terra (mãe terra) em sua fertilidade, mas também em sua assustadora natureza violenta (tourada). Touro astrológico = mês de maio: "Maio é o mês da renovação", uma missão de vida para o Rei!

A cor preta – ❹

A força primordial da natureza e da matéria: materialização de todas as necessidades não resolvidas, dificuldades ou lados sombrios da existência. Ao mesmo tempo, o interior e os tesouros da terra, as possibilidades não utilizadas até o momento.

O pé na pedra – ❺

"Sujeitai a terra." **Aspecto positivo:** a terra como lar e reino. **Aspecto negativo:** utilização e destruição dos recursos naturais e da atmosfera terrestre.

As montanhas/nuvens azuis

A vontade do homem é seu *reino no céu*. Nuvens ou montanhas azuis (como ligação do céu com a terra). Portanto, a dimensão espiritual da vida e a vontade determinam o pano de fundo.

O manto longo e fluido – ❻

Aspecto positivo: unido e entrelaçado ao trono e ao jardim/à vinha. **Aspecto negativo:** "criador" sem delimitação nem visão geral. Não afundar nas engrenagens nem na agitação, mas desenvolver uma presença consciente.

Ao fundo

Tanto as nuvens/montanhas azuis quanto o castelo/burgo estão ao fundo. Portanto, é preciso cuidar de maneira *consciente* de suas possibilidades maiores, do que se constrói e da própria contribuição espiritual.

Rei de Ouros

Você é como esse Rei. A carta ressalta sua dignidade régia e, ao mesmo tempo, seu lado masculino. Você possui e desenvolve uma relação majestosa e hedonista com as forças terrenas. É necessária toda a sua capacidade como ser humano extremamente produtivo, hábil e sensual.

A vinha e as uvas da vida...

■ **Significado básico**

O mestre da posse: "O que e quanto possuo? Do que sou capaz? O que perdura?" – Como toda carta da corte, esse Rei mostra uma imagem ideal, uma relação soberana com o elemento em questão, que aqui são os Ouros (terra, matéria, dinheiro, talento e corpo). Você é como esse Rei ou poderá ser como ele e/ou encontrar uma pessoa em sua vida que corresponda a ele.

■ **Experiência espiritual**

Produzir, construir, erguer algo que perdure e continue a viver.

■ **Como carta do dia**

Com seu trabalho, crie valores: financeiros, prazerosos e significativos.

■ **Como prognóstico/tendência**

Você é seu próprio capital – campo e colheita, vinha e vinho.

■ **Para o amor e o relacionamento**

Não se deixe intimidar! Conscientize-se de seu valor. Manifeste suas necessidades e procure satisfazê-las.

■ **Para o sucesso e a felicidade na vida**

Não permita que sua autoestima dependa do seu dinheiro ou do seu prestígio no mundo.

Os dez símbolos mais importantes

A imagem como espelho

"O cavalo suja o estábulo com esterco, e o mesmo cavalo, com grande esforço, leva o mesmo esterco para o campo, permitindo que, assim, cresça o nobre e belo trigo, que jamais cresceria dessa forma, se o esterco não estivesse no campo" (Joh. Tauler).

O cavalo preto

Juntos, cavalo e homem compõem a figura do Cavaleiro. Cavalo = força motriz e natureza do instinto = um aspecto do cavaleiro. O preto representa coisas antigas e sem valor e um território desconhecido.

O contraste preto e amarelo

Forte contraste: a tarefa de assimilar também grandes contradições pessoais e torná-las produtivas. Entender-se como campo a ser cultivado e organizar as questões pessoais.

Armadura – ❶

Aspecto positivo: quem está preparado experimenta e oferece proteção e segurança. **Aspecto negativo:** é como se o indivíduo não conseguisse agir de outro modo por ter uma fixação por algo ou estar preso ao que tem ou busca.

A terra de cultivo – ❷

Fertilidade, enraizamento. A terra da vida, o campo da experiência. A missão de cultivar a si mesmo e a própria terra. Às vezes, também advertência contra trabalhar demais.

Adereços verdes – ❸

Quem cultiva o próprio campo e não recua nem mesmo diante de contradições extremas (preto-amarelo) alcançará e colherá muitas coisas na vida. Além disso: de volta à natureza e advertência contra a imaturidade.

Moeda e céu

... têm a mesma cor. A moeda só é reconhecível graças a seu contorno. Somente com a experiência e os próprios limites (!) é possível distinguir o talento. Tarefa da autodefinição.

A cor amarela

Consciência geral, sol, mas também busca de sentido e inveja, ouro e cobiça. A consciência geral e a própria moeda individual devem ser distinguidas uma da outra.

As rédeas vermelhas – ❹

O vermelho representa vontade, alegria de viver e paixão, mas também ciúme e egoísmo. É necessário descobrir, com entusiasmo, as próprias características e investigar o que é desconhecido.

Luva/manta da sela – ❺

Apenas esse cavaleiro usa uma luva e uma manta. **Aspecto positivo:** equipado para o trabalho e o frio. **Aspecto negativo:** "não sujar as mãos", esconder alguma coisa.

Cavaleiro de Ouros

Você é como esse Cavaleiro. A carta ressalta sua soberania e, ao mesmo tempo, seu lado masculino. Você possui e desenvolve uma relação magistral e holística com as forças terrenas da vida. É necessária toda a sua capacidade como ser humano, com muita experiência, cuidado e eficiência econômica.

Campo da experiência, campo dos tesouros.

■ **Significado básico**

O mestre do bem-estar e do saber: "Qual a minha contribuição? O que consigo fazer bem? O que faz bem?". – Como toda carta da corte, esse Cavaleiro mostra uma imagem ideal, uma relação soberana com o elemento em questão, que aqui são os Ouros (terra, matéria, dinheiro, talento e corpo). Você é como esse Cavaleiro ou poderá ser como ele e/ou encontrar uma pessoa em sua vida que corresponda a ele.

■ **Experiência espiritual**

Amadurecimento, conclusão, colheita – e os inúmeros passos, caminhos e desvios que levam à colheita.

■ **Como carta do dia**

O "esterco" que todos nós produzimos também é aproveitável como adubo. Perdoe a si mesmo e aos outros por não serem perfeitos.

■ **Como prognóstico/tendência**

Ao trabalhar as tarefas pendentes você ganha experiência e serenidade.

■ **Para o amor e o relacionamento**

Não tema as discussões no momento oportuno; ao contrário, busque-as! Você tem a capacidade de resolver problemas.

■ **Para o sucesso e a felicidade na vida**

Você não pode mudar seus semelhantes, mas aceitá-los de modo que as capacidades deles sejam valorizadas.

Os dez símbolos mais importantes

A postura do personagem

Um "teste de talento" ao mesmo tempo pragmático e cauteloso. O personagem segura e observa sua moeda como se ela fosse um frágil milagre, talvez também uma bolha de sabão cintilante: com desenvoltura e espiritualidade.

A posição das mãos – ❶

Aspectos positivos: grande respeito, atenção aos valores e talentos e, sobretudo, com autoestima e os próprios talentos e tarefas. **Aspectos negativos:** falta de garra; não entender a questão.

A cor amarela

Sol, mas também busca de sentido e inveja, ouro e cobiça. **Perigo:** aproximar-se demais do sol pode causar um encantamento (ofuscamento). **Aspecto positivo:** iluminação também da parte posterior = consciência confiável.

Moeda e céu – ❷

... têm a mesma cor. A moeda só é reconhecível graças a seu contorno. Somente com a experiência e os próprios limites é possível distinguir o talento. Tarefa da autodefinição.

A paisagem campestre – ❸

As montanhas azuis, o pedaço de terra e as inúmeras flores coloridas do campo representam os tesouros que precisam ser descobertos. Você é como a história do ouro encontrado na rua, diante dos próprios pés.

As árvores – ❹

Na carta do *Cavaleiro*, há duas árvores na margem da ilustração. Aqui, há um pequeno grupo de árvores. **Aspectos positivos:** multiplicidade, pertencimento, comunidade. **Aspectos negativos:** dificuldades de desprendimento, muita ou pouca obstinação.

As montanhas azuis – ❺

O pico representa o ponto de contato entre céu e terra. De modo geral, azul é a cor do céu, de maneira que as montanhas azuis anunciam a união entre céu e terra.

A terra arável

Símbolo da terra da vida e do campo da experiência. **Missão:** encontrar as tarefas corretas; cultivar si mesmo. "O que você quer colher?"

A cor verde

Aspectos positivos: crescimento, natureza, naturalidade, frescor, esperança, desenvolvimento progressivo. **Aspectos negativos:** muita imaturidade, falsa esperança (idealismo), incompletude (inexperiência).

O chapéu vermelho – ❻

Aspectos positivos: vontade, fervor, paixão, "coração" e emocionalidade. **Advertência:** arrogância, cabeça quente, encorajamento: orgulho, autoconfiança, curiosidade, visões.

Pajem/Valete de Ouros

Você é como esse Pajem (ou Valete). A carta ressalta sua soberania e, ao mesmo tempo, seu lado jovem, de adolescente. Você desenvolve uma relação magistral, sem ideias preconcebidas, com as forças terrenas. Toda a sua habilidade como ser humano é necessária, com muito humor e sensibilidade.

Atenha-se ao que é produtivo e valioso!

■ **Significado básico**

A aventura da descoberta e da pesquisa: "O que existe? O que se pode fazer com isso?" – Como toda carta da corte, esse Pajem (Valete) mostra uma imagem ideal, uma relação soberana com o elemento em questão, que aqui são os Ouros (terra, matéria, dinheiro, talento e corpo). Você é como esse Pajem (Valete) ou poderá ser como ele e/ou encontrar uma pessoa em sua vida que corresponda a ele.

■ **Experiência espiritual**

Ser produtivo. Encontrar alguma coisa. Plantar. Agir além de si mesmo.

■ **Como carta do dia**

Faça do dia de hoje uma aventura cheia de descobertas!

■ **Como prognóstico/tendência**

A moeda é um presente da vida, ela reflete o fato de que, quando você percebe que tem um talento, é um tesouro para si mesmo e para seu ambiente.

■ **Para o amor e o relacionamento**

Quem ama alguém também o incentiva em seus talentos.

■ **Para o sucesso e a felicidade na vida**

Muitas vezes, nosso talento se equipara ao ouro encontrado na rua. Inicialmente, ele parece tão discreto quanto uma moeda amarela diante de um fundo amarelo.

Os dez símbolos mais importantes

A carta como espelho

Você é como essa moeda, pois tem lados excelentes e menos excelentes. Um dos lados da medalha se refere ao seguinte: como você foi caracterizado? E o outro: como você mesmo se caracteriza?

Pentagrama/estrela de cinco pontas – ❶

Antigo símbolo mágico. A oscilação da energia (dos átomos) na terra. Uma representação do ser humano (as cinco pontas para as mãos, os pés e a cabeça). Os quatro elementos e sua intensificação na *quintessência*.

A borda dupla – ❷

Os famosos dois lados de uma medalha são reconhecíveis até mesmo nessa moeda: características positivas e negativas, talentos e deficiências, bem como muitas outras oposições.

As moedas I

Moedas = elemento terra: tudo o que é material – no sentido de finanças e valores materiais – também no sentido de material, matéria (mãe, matriz) e corpo. As moedas tratam de tarefas práticas e resultados.

As moedas II

Palavras-chave para as moedas: valores materiais e talentos. Trata-se de dinheiro e prestígio. E de talento no sentido de dons pessoais e tarefas que precisam ser descobertas e realizadas.

A mão saindo da nuvem e circundada por raios – ❸

A moeda foi dada de presente a você. Você é um presente – para si mesmo e para o mundo. Aceite essa dádiva e faça algo com ela. Pegue-a e coloque-a em movimento.

O céu cinza

Cinza é a cor da tranquilidade, da serenidade. **Aspectos positivos:** imparcialidade, neutralidade, paciência. **Aspectos negativos:** inconsciência, indiferença. Tudo isso em relação com o valor e a utilização de sua moeda.

O jardim/os lírios brancos – ❹

O mundo como lar, a terra cultivada. Branco – a cor do início e da conclusão. O jardim da infância, o paraíso da humanidade, que deixamos e para o qual é necessário voltar.

As montanhas azuis – ❺

O pico representa o ponto de contato entre o céu e a terra. Além disso: "Faça algo com seu talento!". Escale o pico, faça algo bom com as possibilidades de que dispõe!

O portão do jardim – ❻

Ir embora para chegar a algum lugar: o portão indica mudança e transformação na vida, uma entrada sempre renovada em uma realidade maior, que excede as evidências até o momento.

ÁS DE OUROS

A moeda simboliza talento e riqueza – material, financeira e física. As moedas representam a natureza e a cultura. Elas são nossa herança, com tarefas não resolvidas e possibilidades não aproveitadas. As montanhas azuis e o jardim também indicam esses potenciais.

Viva o que nos permite apreciar a vida e desfrutar dela!

■ **Significado básico**

As moedas expressam nossos talentos e nossa riqueza pessoal: em um dos lados da medalha estão as características que recebemos. Todo ser humano herda determinados dons e determinadas deficiências. Juntos, eles compõem os talentos de cada pessoa. Quando os aceitamos, trabalhamos e transformamos, adquirimos certas características: nossas condições de vida e as marcas que deixaremos. Esse Ás também oferece um acesso elementar. Não deixe de aproveitá-lo!

■ **Experiência espiritual**

Experimentar e praticar a valorização. Apropriar-se do mundo.

■ **Como carta do dia**

De suas questões atuais, você faz algo "redondo", ou seja, perfeito e que vale a pena.

■ **Como prognóstico/tendência**

Supõe-se que apenas os especialistas tenham um talento especial. Na verdade, qualquer pessoa tem talentos especiais, pois incorpora experiências e dons.

■ **Para o amor e o relacionamento**

Amar significa dizer "sim" a uma pessoa, com todas as suas características e seus potenciais.

■ **Para o sucesso e a felicidade na vida**

Uma nova oportunidade de dar forma às suas condições de vida, de maneira consciente, de compreender sua contribuição para o mundo e "monetizá-la".

Os dez símbolos mais importantes

As duas moedas I 
Você representa, literalmente, os dois lados da medalha: de certo modo, vantagens e desvantagens pessoais, lados bons e obscuros, dons e deficiências estão interligados...

As duas moedas II 
... Esses lados devem ser distinguidos (de modo que as forças não sejam confundidas com as fraquezas). No entanto, eles não devem ser separados (eis a razão para a fita verde), pois ambos os lados compõem o ser humano.

A fita verde/o oito na horizontal – ❶ 
Aspectos positivos: as infinitas possibilidades, a contribuição pessoal para o jogo cósmico, a integridade, a totalidade. **Aspectos negativos:** mera rotina; grande esforço, mas sem grandes avanços; repetição (girar no mesmo lugar).

O enlouquecimento dos sentidos 
A cabeça está inclinada; olhos, ouvidos e todos os outros sentidos talvez não estejam funcionando direito. No entanto, isso deve ser levado ao pé da letra: suas percepções enlouquecem e são deslocadas porque hábitos marcantes se alteram.

Os barcos a vela – ❷ 
O barco a vela também simboliza a habilidade de lidar com as influências cambiantes do destino, de modo que sempre se consiga chegar ao porto, independentemente do vento. **Advertência:** navegar conforme o vento.

As ondas – ❸ 
Pontos altos e baixos da vida. Crescimento pessoal. Travessia para novos continentes. Toda vida vem do mar: reflexão sobre as próprias origens e sobre a participação pessoal na criação.

Fita verde/sapatos verdes – ❹ 
Verde é a cor da vida, da vivacidade e do crescimento; por isso, também é a cor da esperança. Por outro lado, o verde também pode indicar imaturidade, inexperiência e incompletude.

A cor da roupa 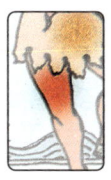
O vermelho demonstra vontade, paixão, mas também fervor e, às vezes, falso fervor. O vermelho do traje se mistura ao amarelo das moedas – vontade com sol ou fervor com inveja e cobiça.

O chapéu grande – ❺ 
"Os ânimos estão acirrados", ego, zelo excessivo, arrogância (especialmente pelo fato de a figura não perceber o que acontece atrás dela). **Aspectos positivos:** coroação, superar-se, destacar-se.

O barrado da blusa – ❻ 
Uma forma diferente de barrado (apenas aqui): talvez, medo de *perder* alguma coisa. **Aspectos positivos:** se você assumir o controle das contradições da sua vida, não poderá perder nada de importante.

DOIS DE OUROS

Assumir o controle das contradições: forças e fraquezas pessoais, experiências próprias e alheias, princípio do prazer e senso de dever, aspectos solares e sombrios. Você é como uma moeda: marcado e marcante. Por um lado, é marcado por relações materiais; por outro, marca a si mesmo.

Os "dois lados da medalha"...

■ Significado básico

Uma mudança de situação. Deslocamento da prioridade da vida. Em sua situação atual, surgem novos fatos, valores e resultados, que deslocam seu ponto de vista. Algo que já existia ou era possível aparece e ganha um significado especial. Nesse caso, não adianta arriscar nem brigar com o destino. Mas, se você encarar essas contradições, alcançará uma situação feliz, pois terá o controle de tudo o que importa e, assim, não faltará nada de essencial em sua vida.

■ Experiência espiritual

Você cria fatos e, assim, configura a nova aparência da terra.

■ Como carta do dia

Você precisa (e encontra) novos resultados.

■ Como prognóstico/tendência

Conte com algumas inseguranças e desequilíbrios passageiros quando sua vida mudar. De que outra maneira você poderia abandonar uma antiga ideia e desenvolver uma nova consciência?

■ Para o amor e o relacionamento

"É estranho como até a pessoa mais extraordinária acaba tendo características ruins...

■ Para o sucesso e a felicidade na vida

... como um navio que navega orgulhosamente, mas precisa de lastro para fazer uma boa viagem" (Gottfried Keller).

Os dez símbolos mais importantes

A imagem como espelho

Apenas essa carta mostra moedas *pretas*. **Advertência** contra características que se assemelham a ratos e toupeiras. **Encorajamento:** aprofundar-se, encontrar tesouros e revelar novos valores. Buscar a si mesmo.

O escultor – ❶

Na mão esquerda, um cinzel e, na direita, um badalo. Ele trabalha as pedras, talvez um relevo. É de Michelangelo a frase: "O escultor nada traz para a pedra, 'apenas' liberta...

A pedra não esculpida – ❷

... de seu fardo a escultura nela contida". A pedra não esculpida é o ser humano com suas predisposições boas e menos boas e com a "vocação" nele adormecida.

A cripta/o porão

Aqui se trata de fundamentos, valores fundamentais e alicerces no campo das moedas (dinheiro, valores, talentos). Na abóbada do porão, algo se constrói: qual será a contribuição do seu trabalho?

As moedas pretas I – ❸

Moedas pretas: as necessidades pessoais, as finanças e os talentos serão mal avaliados e menosprezados. Outra possibilidade é que simplesmente não tenham sido expostos, sejam desconhecidos ou permaneçam como "talentos latentes".

As moedas pretas II

Aspecto negativo: "Ter um talento e não fazer uso dele é o mesmo que usá-lo indevidamente" (Herzog Clemens August, Weimar). **Aspectos positivos:** você traz luz para a escuridão e não recua diante do desconhecido.

O monge – ❹

Valores fundamentais e máximo desempenho: quando nos aprofundamos em nossa vocação, somos levados a alturas inimagináveis. A vocação religiosa = vocação vivida. Toda verdadeira vocação também possui uma dimensão espiritual.

Freira/louco/mulher nobre – ❺

Como freira = vocação como a do monge ao lado dela. **Como louco**, o personagem enfatiza a liberdade e o absoluto. **Como mulher nobre** = beleza e preciosidade dos valores e fundamentos pessoais.

O projeto duplicado – ❻

Os personagens da direita seguram um projeto, um esboço ou um desenho duplicado. Trata-se de projetos profissionais. **Do ponto de vista espiritual:** o projeto da criação, o que "Deus" planeja fazer com eles.

A bancada de trabalho

O *Oito de Ouros* e essa carta mostram uma pessoa com martelo e cinzel, bem como uma bancada de trabalho, que aqui serve para elevar (erguer, levantar) o homem em seu trabalho e por meio de seu trabalho.

Três de Ouros

Diferentes aspectos do trabalho, da profissão e da vocação são apresentados: a atividade com o material, a remodelação da terra, o trabalho em si mesmo, a exposição do que está oculto. Além disso, o trabalho com e nos outros. Qual a contribuição do próprio trabalho?

Talentos latentes...

■ Significado básico

Somente nessa carta as moedas são pretas. As necessidades pessoais, as finanças e os talentos serão menosprezados. Outra possibilidade é que simplesmente não tenham sido expostos ou sejam desconhecidos. Desse modo, sua vocação é tematizada nessa carta: aprofunde-se! Quando nos aprofundamos em nossa vocação, somos levados a alturas inimagináveis, pois reconhecemos o que está escondido.

Como teria dito o famoso Michelangelo, o escultor nada traz para a pedra, "apenas" liberta de seu fardo a escultura nela contida.

■ Experiência espiritual

A vocação correta é uma grande e feliz paixão...

■ Como carta do dia

Todo mundo tem um ponto alto que o espera...

■ Como prognóstico/tendência

... Obviamente, há montanhas de diferentes alturas. No entanto, *toda* montanha tem seu pico. Resta saber se você alcançará ou não *seu* próprio pico.

■ Para o amor e o relacionamento

Procure saber não apenas o que você mesmo quer; considere também o que Deus e o mundo querem de você – será tanto mais fácil e recompensador para você.

■ Para o sucesso e a felicidade na vida

Encontre a tarefa que mais desenvolve e aguça suas capacidades.

Os dez símbolos mais importantes

A postura do personagem

O personagem está sentado e encolhido, o que sugere advertências contra a *covardia* e a *contração* (costas encurvadas). No entanto, com a moeda na cabeça, o personagem não é absolutamente pequeno, mas imponente.

A coisa em si I – ❶

O personagem "é louco por moedas": de fato, gosta muito delas, pois traz uma na coroa e segura a outra em seu centro. **Aspecto negativo**: um ambicioso retraído, que se refere a restrições...

A coisa em si II

... **Aspectos positivos**: um mestre em sua disciplina, que estuda sua tarefa do zero, de A a Z, e com ela se torna uma coisa só. Novas descobertas requerem uma análise pessoal em todos os níveis.

A coroa – ❷

Aspectos negativos: egoísmo, exibicionismo. O indivíduo se sente um rei. **Aspectos positivos**: o indivíduo é um rei. Um profissional em sua especialidade. Um mestre do próprio mundo e da aplicação bem-sucedida de valores e talentos.

As torres/a cidade – ❸

As muitas torres lembram cidades da Toscana. As torres significam vigilância, proteção, segurança, orgulho justificado e grandeza própria, mas também alienação, prisão, isolamento, mania de grandeza.

A cidade às costas

É bom se afastar para levar os próprios talentos ao auge e desenvolver o profissionalismo. Por outro lado: a quem isso serve? Dê sua contribuição específica, envolva a si mesmo e sua capacidade!

A capa preta – ❹

O preto lembra o motivo da carta *Três de Ouros*: talentos desconhecidos querem ser revelados. Uma das especialidades do personagem é descobrir algo novo no antigo. **Advertência** contra as "toupeiras".

O tom marrom-escuro da túnica – ❺

Essa cor raramente aparece no tarô. Ela sugere o campo da digestão e dos excrementos. **Aspecto negativo**: "caráter anal obsessivo" (Sigmund Freud). **Aspecto positivo**: capacidade de transformar "merda" em dinheiro.

O bloco de pedra – ❻

Símbolo da matéria e da terra com seus quatro pontos cardeais. Tarefa e arte de se adaptar a esse mundo. *IV – O Imperador* no nível do naipe de *Ouros*: autodeterminação, tanto do ponto de vista material quanto do ponto de vista prático.

O céu cinza

Advertência contra a inconsciência, a indiferença emocional e a falta de participação (inclusive nas próprias necessidades e nos próprios desejos). **Aspectos positivos**: neutralidade, imparcialidade e ausência de preconceito.

Quatro de Ouros

"Profissional na própria missão": apenas quem conhece as duas moedas inferiores leva uma vida ligada à terra, mas trivial. Quem leva as moedas a sério eleva seu nível de vida até onde consegue compreender. Quem se coroa com as moedas como mestre alcança o topo de seus talentos.

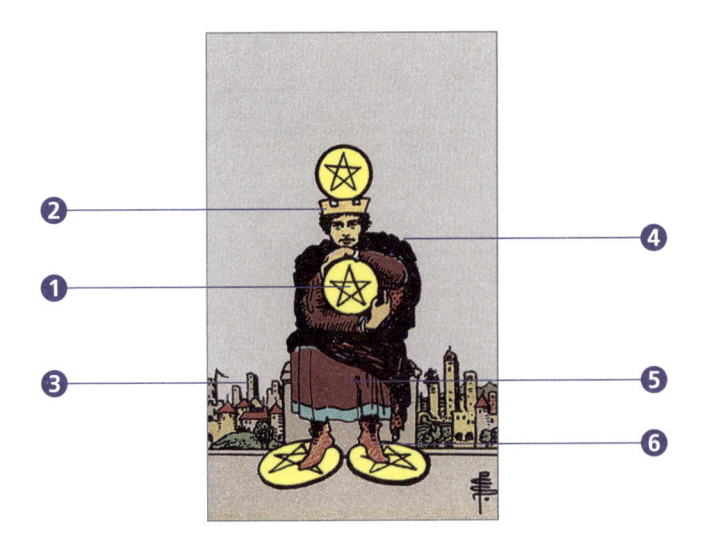

"Ter um talento e não fazer uso dele é o mesmo que usá-lo indevidamente."

■ **Significado básico**

Compreender e coroar os próprios talentos requer tanto distanciar-se da coletividade quanto servi-la. Se não quisermos nos isolar como excêntricos, mas também não passar despercebidos em meio à massa com nossas peculiaridades e qualidades reais, temos de descobrir aqueles talentos pessoais que são úteis e importantes para os outros e nos quais os próprios valores e dons são ressaltados.

■ **Experiência espiritual**

A "coisa em si", um entrelaçamento íntimo entre a pessoa e a questão.

■ **Como carta do dia**

Desenvolva seu dom e seu desejo. Verifique o que está aos seus pés!

■ **Como prognóstico/tendência**

Com essa carta, às vezes é importante se afastar e "cuidar da própria vida". Outras vezes, é preciso abrir-se e comunicar-se melhor.

■ **Para o amor e o relacionamento**

O amor também significa apoiar-se mutuamente para ter o próprio campo de aplicação e nele reinar.

■ **Para o sucesso e a felicidade na vida**

Não é a valentia nem a maldade que farão você avançar, e sim o desenvolvimento e a perpetuação de seus melhores talentos.

Os dez símbolos mais importantes

A imagem como espelho

De maneira alguma essa carta representa, necessariamente, uma situação ruim. Ela também é uma carta da sorte, pois, entre outras coisas, simboliza a superação de dificuldades de todo tipo e a integridade do que é importante para nós.

O cego e o manco I

A antiga lenda do cego e do manco, que percorrem um caminho juntos, combina perfeitamente com essa cena: à medida que eles se unem, cada um é salvo de sua pior dificuldade.

Transformar a dificuldade

Poderíamos inserir aqui quaisquer outros tipos de deficiência em vez da cegueira e da claudicação. A pior dificuldade é transformada. De modo geral, essa carta diz: cuide de suas *dificuldades*.

O cego e o manco II

O principal significado está na colaboração. Em um sentido secundário, também se pode dizer: não coloque tudo no mesmo saco. Cada um deve poder desenvolver-se a seu modo e, assim, afirmar-se.

As muletas – ❶

Por um lado, elas ressaltam a situação ruim, a dificuldade existente ou que já foi superada. No entanto, as muletas também são um símbolo de que há saída, ajuda e apoio.

O sino da peste – ❷

Os leprosos eram obrigados a usá-lo para alertar as pessoas saudáveis contra o contágio. **No entanto, do ponto de vista positivo, esse sino também significa:** presto atenção em mim, sou uma pessoa especial. Toda crise também é uma oportunidade.

O chão branco – ❸

À primeira vista: neve, gelo e frio. **Aspectos positivos:** referência à tarefa ou dom de esclarecer alguma coisa, de fazer as pazes consigo mesmo e com os outros, de reparar e curar. **Advertência** contra um comportamento sem fundamento.

Flocos de neve/muro preto – ❹

À primeira vista: neve, gelo e frio. **Do ponto de vista simbólico:** o contraste entre o preto e o branco é neutralizado; os muros são permeáveis; dentro e fora são dois lados da mesma medalha.

Luz na escuridão – ❺

De um lado, luz, calor e riqueza; de outro, escuridão, frio e pobreza. Trata-se da sua participação e corresponsabilidade, das dificuldades das pessoas do lado de fora e de dentro, bem como de você mesmo.

Cinco moedas como quintessência

Os melhores talentos só trazem algum benefício quando servem às outras pessoas. Onde a dificuldade do outro é maior, a ajuda prestada é mais preciosa. Desse modo, auxílio e interesse pessoal se irmanam.

Cinco de Ouros

*Uma imagem da dificuldade. Mas também de sua superação geral:
uma lenda narra sobre um cego e um manco, que juntos
percorrem o mesmo caminho. O cego dá apoio ao manco,
e o manco conduz o cego. Ao compartilharem suas dificuldades,
eles são salvos do desamparo geral.*

Quintessência das moedas: transformar a dificuldade!

■ **Significado básico**

O valor de toda riqueza humana (bens e capacidades) está em sua contribuição para excluir sofrimentos evitáveis e tornar suportáveis os inevitáveis. Há sofrimentos causados por catástrofes e doenças, e outros provocados por necessidades: como fome de sentido, sede de amor, desejo de ter um lar. Quando a riqueza de possibilidades se une ao alívio das necessidades mais urgentes, seus talentos produzem o máximo efeito.

■ **Experiência espiritual**

"Entregue a Deus a sua carência. Ele não conhece nenhuma" (Dorothee Sölle).

■ **Como carta do dia**

As forças de quem trabalha sozinho se somam. As de quem trabalha com os outros se multiplicam.

■ **Como prognóstico/tendência**

Por um lado, é importante ser capaz de admitir a derrota, aceitar o fim e suportar uma carência. Por outro, porém, também é imperioso reconhecer que existem sofrimentos desnecessários e miséria demais no mundo – e na própria casa. Vale a pena lutar contra isso.

■ **Para o amor e o relacionamento**

Recuse exigências infundadas e sacrifícios sem sentido.

■ **Para o sucesso e a felicidade na vida**

Cumpra obrigações importantes com o coração leve!

Os dez símbolos mais importantes

A imagem como espelho

Em qual dos três personagens você se vê espontaneamente refletido em primeiro lugar? Isoladamente ou juntos, os três personagens podem ser um espelho para a sua pessoa. Ver também a carta *V – O Hierofante*.

O homem rico – ❶

O personagem maior representa seus pontos fortes, sua riqueza de experiências e talentos, sua capacidade sempre presente e que é suficiente para ser partilhada – independentemente do seu saldo bancário.

Os dois pedintes – ❷

Eles também representam as próprias fraquezas. Uma das duas figuras recebe algo, e a outra fica sem nada. Os dois pedintes também são partes preciosas de sua personalidade e expressão de experiências preciosas.

A balança I – ❸

A balança serve para pesar: quais pedidos são pertinentes e devem ser ouvidos, quais desejos não fazem sentido e não devem ser realizados? Pondere quais necessidades são importantes para você.

A balança II

Há duas razões opostas para o ato de dar e o de receber estarem em equilíbrio na balança: ou aquilo que foi dado e recebido não tem nenhum peso, ou existe uma situação em que todos ganham.

As quatro moedinhas I – ❹

Quando quem dá nada perde ao fazê-lo e ainda se sente enriquecido, e quem recebe não se envergonha desse ato, mas se sente confirmado e importante...

As quatro moedinhas II

... surge um ganho, pois ambos os lados se sentem mais ricos do que antes. Esse ganho é expresso pelas quatro moedinhas, que pairam entre as mãos dos dois personagens na ilustração.

O sinal de bênção – ❺

O sinal feito com os dedos repete a bênção do *Sacerdote*. **Aspecto positivo:** aqui surge um ganho para todos; de fato, a situação é abençoada. **Aspectos negativos:** presunção, moral, esmola.

As moedas no céu – ❻

Aspecto negativo: a verdadeira riqueza não chega às pessoas que estão "embaixo". **Aspecto positivo:** quando dar e receber se equilibram na balança em bom sentido, realizamos um pedaço do céu na terra.

A cidade/o burgo – ❼

Situa-se ao longe, ao fundo. É preciso desprender-se dos hábitos e da confusão para fazer as pazes consigo mesmo, com os pontos fortes e fracos. **Aspecto negativo:** agir de acordo com os próprios interesses.

Seis de Ouros

Trata-se aqui de dar e receber, de atender às necessidades e de obter lucro. Se as "moedas" fazem valer necessidades reais, ganha tanto quem as dá quanto quem as recebe.

... uma situação em que todos ganham?!

■ **Significado básico**

Caridade, esmola? É mais do que isso. Se, com seus talentos, você atende às necessidades e se, com suas necessidades, você desperta talentos, sairá sempre *ganhando*. Ambos os lados lucram com o resultado, uma situação em que só há vencedores. Desse modo, você transforma as dificuldades e necessidades em uma ação próspera e criativa. As quatro pequenas moedas adicionais na imagem representam a prosperidade e o lucro comum.

■ **Experiência espiritual**

O valor próprio é o maior de todos quando muitos lucram com ele. Nesse sentido, você possui apenas o que compartilha com os outros.

■ **Como carta do dia**

Novos caminhos para atender as próprias necessidades e satisfazer as alheias estão na ordem do dia.

■ **Como prognóstico/tendência**

Concentre-se em conseguir um ganho para todos os envolvidos; sem dúvida, isso é melhor do que administrar uma carência.

■ **Para o amor e o relacionamento**

Dar e receber: você cria uma situação na qual pode receber e se desapegar sem escrúpulos...

■ **Para o sucesso e a felicidade na vida**

... na qual pode ser fraco, sem provocar rispidez nem maldade.

Os dez símbolos mais importantes

A postura do personagem I 
Espera, ócio, pausa ou estagnação. Quer você já tenha trabalhado ou vá trabalhar, aqui se trata de um equilíbrio, de uma avaliação ou de uma decifração: "Não sei o que significa!".

A postura do personagem II 
Ficar "empacado", sem saber o que fazer?! Talvez essa postura também represente uma pausa criativa. Talvez uma observação atenta do que existe, uma análise cuidadosa dos rastros e sinais.

A distribuição das moedas I – ❶ 
O acúmulo de moedas representa como você *sempre* agiu até o momento ou como *as pessoas* costumam agir. A moeda a seus pés marca o novo, seu próprio ponto de vista, um recomeço.

Os sapatos de cores diferentes – ❷ 
De fato, são coisas totalmente diferentes, quer se observe o estado de coisas – situação e tarefas – de acordo com pontos de vista gerais, quer a partir do ponto de vista pessoal.

A distribuição das moedas II 
Tudo tem seus famosos dois lados. Determinadas circunstâncias só se tornam compreensíveis quando também estamos prontos para questionar nosso ponto de vista e admitir novas perspectivas.

O olhar I – ❸ 
Posição da cabeça = esgotamento ou desorientação, mas também: um modo atento de observar as coisas. Observar uma circunstância com exatidão (literalmente: reler várias vezes) = um significado da palavra "religião".

O olhar II 
Quem enfrenta com devoção todos os fatos e circunstâncias, talvez às vezes precise de mais tempo do que os outros. No entanto, encontra na questão conexões ocultas e novas soluções.

O ancinho/a enxada I – ❹ 
Vara, escala. Simboliza a correta utilização de uma ferramenta apropriada, a união habilidosa entre espírito e matéria (também representada, de modo geral, por toda moeda marcada com o pentagrama).

O ancinho/a enxada II 
Experiências existentes = ferramenta para o novo. Tire da tradição o que ela tem de bom e acrescente sua perspectiva, de modo que os talentos positivos e já existentes se misturem e multipliquem.

As cores misturadas – ❺ 
As cores misturadas da roupa indicam que o próprio e o alheio; a tradição e o ponto de vista pessoal estão misturados. Agora você encontra a atividade que lhe faz bem, a contribuição que o mundo espera.

SETE DE OUROS

Talvez você tenha pela frente ou atrás de si uma montanha de esforços e preocupações. Aqui se trata de um equilíbrio entre os resultados que você obteve até o momento e o estabelecimento de novos objetivos. Você está satisfeito com seus resultados? Com o modo como foram trabalhados? Considere seus resultados sob todos os aspectos.

Atividades de crescimento.

■ **Significado básico**

Além de seu aspecto objetivo, todos os desafios têm um significado pessoal. Qual a sua opinião sobre a questão? O que você poderia melhorar? Descubra em qual diferença você enxerga as coisas de outro modo. O que gostaria de mudar? O que pode aprender com os outros? E qual novidade pode introduzir?

■ **Experiência espiritual**

Para explorar seu próprio ponto de vista, você precisa considerar várias vezes o estado de coisas. No entanto, essa observação atenta e "devota" é uma tradução da palavra "religião" (do latim "desatar", mas também "reler várias vezes").

■ **Como carta do dia**

Sua questão atual estabelece a necessidade de buscar pistas e interpretar sinais. Às vezes, os obstáculos também dão dicas importantes.

■ **Como prognóstico/tendência**

Momento para fazer um balanço: a clareza emocional ou intelectual só tem valor à medida que você a converte em resultados produtivos. E suas conquistas só trazem satisfação quando você se reencontra nelas.

■ **Para o amor e o relacionamento**

O que você quer deixar que cresça? O que você dá às pessoas que quer bem e ao mundo?

■ **Para o sucesso e a felicidade na vida**

Atenha-se aos resultados e às condições reais.

Os dez símbolos mais importantes

A postura do personagem

Essa é a única das 14 cartas de Ouros na qual um personagem trabalha diretamente com as moedas. Trata-se de uma imagem do trabalho na profissão, em uma atividade ou objeto, mas também de uma representação do trabalho em si mesmo.

O trabalho na moeda I – ❶

Sem exercício e aprendizado não há mestria. Se o personagem ainda tem sete moedas para cunhar, ele aparece como aprendiz. Se já terminou de trabalhar as sete moedas, aparece como mestre.

O trabalho na moeda II

Como a moeda, todo ser humano possui características excepcionais e triviais. **Um dos lados da medalha questiona:** como fui marcado? **E o outro pergunta:** o que eu mesmo quero marcar?

Tronco da árvore com moedas – ❷

Aspectos positivos: "É na limitação que o mestre se revela", aqui, na limitação de determinada competência e de sua realização. União entre céu e terra. **Aspectos negativos:** monotonia, repetição.

Uma moeda no chão – ❸

Ela enfatiza a própria posição, a diferença do que é próprio ao indivíduo, talvez um novo modo de proceder, mas também uma moeda que cai sob a mesa, portanto, pontos fortes e talentos que são pouco notados.

Azul e vermelho

Essas cores representam o fogo e a água e, em conjunto, o fervor e a paixão. **Aspectos positivos:** grande disponibilidade, domínio de resistências. **Aspectos negativos:** fervor cego, repetição do mesmo.

A aldeia ao fundo

Atenção: ela está atrás do personagem. Afastar-se da coletividade para evidenciar a peculiaridade dos próprios talentos. Por outro lado, os melhores talentos perdem o valor quando não servem aos outros.

A bancada de trabalho – ❹

Aspectos positivos: não procrastinar nada. Fazer com as próprias mãos aquilo que deve ser feito. Ver a si mesmo como "banco" (reserva de dinheiro e de talento). **Aspectos negativos:** falta de confiança nos outros. Ocupar-se dos detalhes.

Marcações no tronco da árvore – ❺

Aspectos positivos: anéis anuais de crescimento das árvores. Paciência. Crescimento. Mestria. Desenvolvimento progressivo. **Aspectos negativos:** orifícios dos nós da madeira, falta de ramificação, rotina vazia, impulso à repetição, falta de imaginação, monotonia.

Martelo e cinzel – ❻

Aspectos positivos: símbolo da capacidade de deixar marcas, de criar ou produzir valores duradouros. Mudanças e valores permanentes. **Aspecto negativo:** "imprimir a própria marca" em tudo e em todos.

OITO DE OUROS

As várias moedas representam a formação e a mestria, mas também alertam para a falta de ideias e a repetição constante. A mestria implica o fato de que o trabalho não apenas requer energia, mas também a despende; de que o indivíduo encontra o caminho para seu estilo, seu ritmo e para um diálogo criativo entre o ser humano e o ofício.

Peculiaridade e mestria...

■ **Significado básico**

Somos como uma moeda: marcados e marcantes. O trabalho em moedas também é um espelho do trabalho em nós mesmos. A produtividade de um ser humano consiste no fato de ele criar a si mesmo e ordenar as coisas do (próprio) mundo. Assim, você desenvolve uma situação de luxo pessoal: uma riqueza de bem-estar, ideias concretizadas e desejos satisfeitos. Tudo é importante, não apenas os resultados, mas também as "circunstâncias concomitantes".

■ **Experiência espiritual**

Gurus produzem discípulos. Apenas (o próprio) treino faz o mestre.

■ **Como carta do dia**

Não se desgaste por objetivos alheios. Encontre as atividades para as quais você é realmente necessário!

■ **Como prognóstico/tendência**

O mestre é o verdadeiro iniciante; justamente por conhecer seu ofício, ele sabe que toda experiência até o momento é história.

■ **Para o amor e o relacionamento**

O amor é não apenas uma questão de sentimento, mas também de apoio mútuo em relação à obra de vida de cada parceiro.

■ **Para o sucesso e a felicidade na vida**

Você é e permanece o chefe em sua vida (mesmo que esteja trabalhando em algum lugar), dirigente e mestre em sua obra, com persistência.

Os dez símbolos mais importantes

O manto

Esplendor, beleza e preciosidade se manifestam nesse manto e marcam a cena. No entanto, a longa cauda também representa a seguinte pergunta: seria o traje um número maior ou algo estaria sendo *arrastado* aqui?

A sebe

Estaria o personagem na frente da sebe (como para o observador da carta) ou atrás dela (do ponto de vista de seus semelhantes)? O esplendor dos talentos se irradia no mundo ou é mantido em sigilo?

O falcão de caça – ❶

Caça cultivada ou egoísmo agressivo? O falcão usa um capuz. Ele está em repouso, mas pronto para a ação. Ação orientada ou inibida? Paixões ambiciosas ou perseguição obstinada dos outros?

O caramujo – ❷

Aspectos positivos: estar sempre em casa. Poder retirar-se em si mesmo. Ritmo autônomo e próprio. **Aspectos negativos:** servilismo, lentidão, retirada como fuga do mundo, falta de participação.

A distribuição das moedas – ❸

Tema da carta *Seis de Ouros*: dar e receber como missão e manifestação de dons e necessidades pessoais. Da mesma forma, o *Três de Ouros*: o estímulo e o desenvolvimento de talentos *ocultos*.

Os cachos de uva I – ❹

Uvas e vinho = máximo prazer: os prazeres dos sentidos e da sensualidade (o aspecto dionisíaco; Baco e Dioniso, deuses do vinho) e o prazer do sentido e da verdade (o aspecto apolíneo; *in vino veritas*).

Os cachos de uva II

Desde a Antiguidade, as uvas também são um símbolo do trabalho duro, os esforços dos trabalhadores nas vinhas são uma materialização da frase: "Ganhar o pão com o suor do próprio rosto".

Os cachos de uva III

Como entre nós os cachos de uva estão entre os frutos mais tardios do ano, eles também são um símbolo do amadurecimento, da vida bem-sucedida e da conclusão (ver a carta *Dez de Ouros*: ancião com os cachos de uva).

As flores no manto – ❺

Flower-power. Florescimento da personalidade. Variante do símbolo de Vênus. Símbolo da fertilidade da (própria) natureza. **Aspectos negativos:** narcisista, preso a si mesmo. **Aspecto positivo:** demonstrar seus talentos.

Pequena casa na margem da ilustração – ❻

Aspectos positivos: em meio às suas moedas, ou seja, a seus talentos e aos frutos que crescem a partir dele, o ser humano encontra seu verdadeiro lar. **Aspectos negativos:** identidade pouco desenvolvida. Jovem simples, ligado à natureza. Excêntrico.

Nove de Ouros

Aqui você floresce: alcança sua flor pessoal (em todas as idades), feliz com sua existência e satisfeito com seus talentos. Você colhe seus frutos dia após dia, dedicando-se com carinho à situação e às suas atividades. Ame a si mesmo, seu crescimento e seu amadurecimento.

Tesouro!

■ **Significado básico**

Há uma grande diferença entre estar ou não no mundo. Você traz algo consigo que enriquece a terra. Por isso, não esconda seus talentos! Seja generoso e mostre a seus semelhantes os tesouros que tem a oferecer, porque você mesmo é um *tesouro*.

■ **Experiência espiritual**

Somente quando cortada a rosa pode exibir sua beleza: por conseguinte, recuse ideais desnecessários, obrigações indesejadas e experiências sem compromisso.

■ **Como carta do dia**

Pare de passar a vida caçando como um falcão ou retirando-se em uma concha de caramujo.

■ **Como prognóstico/tendência**

Inicialmente, deparamos com hábitos de vida que também existiriam sem nós. Além disso, nem sempre somos recebidos com amor. Em contrapartida, estabelecemos nosso próprio reino de amor, fertilidade e beleza.

■ **Para o amor e o relacionamento**

Faça algo diferente e fuja da mesquinhez e do ciúme.

■ **Para o sucesso e a felicidade na vida**

Afaste-se de práticas sem sentido! Desenvolva regras pertinentes e viva de acordo com elas!

Os dez símbolos mais importantes

As dez *sephiroth* – ❶

As dez moedas marcam as estações da árvore da vida cabalística (= dez *sephiroth*). Contudo, faltam as linhas de união entre esses dez pontos de referência. Tudo está presente, mas as ligações precisam ser criadas.

As gerações – ❷

Infância, meia-idade e velhice estão presentes na imagem. Será que uma percebe a outra? Ou vivem lado a lado? As duas pessoas no centro estariam interagindo ou apenas passando uma pela outra?

Pessoa e animal – ❸

A mesma pergunta pode ser feita em relação à pessoa e ao animal. Os animais só têm lugar do lado de fora dos portões? Entendemos o poder da natureza e dos instintos com seus pontos fortes e fracos?

Cultura – natureza – ❹

Ondas na margem esquerda da ilustração = mar ou lago. **Casas sob o arco do portão** = civilização. Existe alguma ligação interna entre natureza e cultura ou uma se baseia em ocupar o lugar da outra?

Ancião com cachos de uva – ❺

Cachos de uva = prazer e trabalho duro (vinha). Ao mesmo tempo, trata-se do amadurecimento da vida: "Quem acha que todos os frutos amadureceriam junto com os morangos, nada entende de uvas" (Paracelso).

Cajado/lança – ❻

Aspectos positivos: o objetivo da busca é alcançado. Colocar o cajado no canto. Mas também: continuar preparado e alerta. **Aspectos negativos:** sempre fora de casa: "Bater em várias portas, mas nunca estar realmente em casa".

Ponte – ❼

Amor, respeito e atenção são as pontes que ligam uma pessoa a outra. Tudo está presente, mas existe uma relação interna, uma ligação interna? Na imagem, só é possível ver metade da ponte.

Burgo/torre

Aspectos positivos: atenção, vigilância, visão geral, proteção, identidade clara, lar, segurança. **Aspectos negativos:** torre de marfim, egoísmo, arrogância, prisão, isolamento, autolimitação, retraimento.

Duas armas – ❽

Burgo: ver acima – **A balança em equilíbrio** (ver *Seis de Ouros*): nenhuma troca é realizada, nada que tenha peso. **Mas também, do ponto de vista positivo:** dar e receber têm o mesmo peso. Equilíbrio de necessidades.

Ulisses/fim da Odisseia

Ao final de sua odisseia, Ulisses volta a Tebas. Ele se disfarça de mendigo, e apenas seus cães o reconhecem. Ele "reorganiza sua vida". O que há na sua vida a ser buscado e reordenado?

Dez de Ouros

*Criança, adulto, ancião, pessoa e animal, cultura e civilização,
lar e lugar estrangeiro e muito mais: tudo está presente.
Trata-se apenas de saber se todos estão ligados internamente
(ver a ponte na ilustração) ou se passam uns pelos outros
(como talvez pelo mendigo diante do portão)?!*

Nenhum ser humano é uma ilha...

■ **Significado básico**

A maior riqueza consiste/surge em perceber a própria participação nos eventos mundiais. Experiências suas e dos outros fluem juntas para um todo maior. Você se vê como parte da criação, da corrente cósmica. Sabe que sua ação se constrói sobre a dos mais velhos e que os mais jovens a continuarão. O tempo é apenas relativo. Nada se perde. Nada o impede de viver e sentir sua pulsação, ficar ou partir.

■ **Experiência espiritual**

O tempo é apenas relativo.

■ **Como carta do dia**

Cuide diariamente de muitas pessoas e situações com amor. Desse modo, você alcançará os melhores resultados.

■ **Como prognóstico/tendência**

A individualidade verdadeira ou consciente não é possível quando se age sozinho. Quando encontramos a ponte para o outro, desaparece a solidão, que é a sombra da falta de individualidade, assim como o perigo de submergir em meio à multidão.

■ **Para o amor e o relacionamento**

Cultive os deleites da vida em comum...

■ **Para o sucesso e a felicidade na vida**

... e contribua para um convívio no qual cada um pode seguir o próprio caminho com muitas alegrias.

Tarô e astrologia

Em comparação com a astrologia, cujas origens remontam a vários milênios, as cartas de tarô são bem mais recentes, mas também já contam quase seiscentos anos. No entanto, somente no final do século XIX a conexão entre tarô e astrologia se tornou um tema considerado e discutido (em círculos específicos).

O trabalho decisivo para a combinação das duas linguagens simbólicas foi desempenhado pela **Ordem *Golden Dawn***. A ela remonta o modo que hoje se tornou comum de associar os símbolos da astrologia ao tarô. *Golden Dawn* significa "Aurora Dourada", e no Brasil essa instituição também é conhecida como Ordem Hermética da Aurora Dourada. Na virada do século XIX para o XX, essa ordem era uma associação rosacruciana na Inglaterra.

As cartas de tarô mais difundidas atualmente, o tarô de Waite-Smith e o de Crowley-Thoth, foram criadas por antigos membros da Ordem *Golden Dawn*: Pamela Colman Smith e Arthur E. Waite, bem como Lady Frieda Harris e Aleister Crowley. Ao conceberem suas cartas, os dois casais seguiram, com poucas diferenças, o padrão de associação astrológica da *Golden Dawn*.

Por isso, na maioria das vezes, essas associações no tarô de Waite-Smith são reencontradas diretamente nas cartas (por exemplo, o signo de Áries na carta *IV – O Imperador* e as cabeças de touro na ilustração do *Rei de Ouros*); nas cartas de Crowley, quase todas essas associações são apresentadas como signos.

Assim é que se faz

A cada signo do zodíaco e a cada planeta estão associadas determinadas cartas do tarô. Assim, a carta *A Sacerdotisa* representa, por exemplo, a Lua astrológica, bem como o reino individual das almas e do inconsciente. E ao signo de Peixes, símbolo do inconsciente coletivo e das "emoções oceânicas", pertence a carta *A Lua*.

- Na tabela seguinte, você encontrará as seis cartas de tarô que pertencem a um signo do zodíaco. Por qual signo do zodíaco você se interessa mais? Retire do seu baralho de tarô as seis cartas correspondentes e observe-as com atenção. *Juntas*, elas apresentam uma imagem para o significado do respectivo signo.

  As seis cartas de um signo do zodíaco personificam determinado modelo de tensão, que é significativo para a compreensão do signo. **Exemplo do signo de Áries:** em meio às seis cartas, existe a contradição entre *O Imperador* e *A Torre*, entre a construção e o desmantelamento do poder; além disso, tem-se a oposição entre *O Imperador* e a *Rainha de Paus*, entre a energia masculina e feminina do fogo, cuja ligação também está contida na imagem do *Quatro de Paus*.

  Exemplo do signo de Escorpião: morte e renascimento, o princípio "morre e transforma-te" na forma das cartas *A Morte* e *O Julgamento*.

  Exemplo do signo de Gêmeos: a relação de tensão entre o encantamento do amor, por um lado (*O Mago, Os Enamorados*) e os desafios das cartas de Espadas de números elevados (*Oito, Nove e Dez de Espadas*), por outro.

- Convém deitar essas seis imagens de um signo do zodíaco uma ou várias vezes por um período mais longo. Medite sobre as cartas referentes ao "seu" signo do zodíaco. A cada vez elas lhe revelarão uma nova mensagem.

Data	Signo do zodíaco	Planeta	Arcano Maior do signo do zodíaco
21/3 – 20/4	Áries	Marte	IV – O Imperador
21/3 – 21/5	Touro	Vênus	V – O Hierofante
22/5 – 21/6	Gêmeos	Mercúrio	VI – Os Enamorados
22/6 – 22/7	Câncer	Lua	VII – O Carro
23/7 – 22/8	Leão	Sol	VIII – A Força
23/8 – 22/9	Virgem	Mercúrio	IX – O Eremita
23/9 – 22/10	Libra	Vênus	XI – A Justiça
23/10 – 21/11	Escorpião	Plutão	XIII – A Morte
22/11 – 21/12	Sagitário	Júpiter	XIV – A Temperança
22/12 – 20/1	Capricórnio	Saturno	XV – O Diabo
21/1 – 19/2	Aquário	Urano	XVII – A Estrela
20/2 – 20/3	Peixes	Netuno	XVIII – A Lua

Cartas da corte correspondentes	Cartas numéricas correspondentes	Arcanos Maiores dos planetas
Rainha de Paus	2 – 4 de Paus	XVI – A Torre
Rei de Ouros	5 – 7 de Ouros	III – A Imperatriz
Cavaleiro de Espadas	8 – 10 de Espadas	I – O Mago
Rainha de Copas	2 – 4 de Copas	II – A Sacerdotisa
Rei de Paus	5 – 7 de Paus	XIX – O Sol
Cavaleiro de Ouros	8 – 10 de Ouros	I – O Mago
Rainha de Espadas	2 – 4 de Espadas	III – A Imperatriz
Rei de Copas	5 – 7 de Copas	XX – O Julgamento
Cavaleiro de Paus	8 – 10 de Paus	X – A Roda da Fortuna
Rainha de Ouros	2 – 4 de Ouros	XXI – O Mundo
Rei de Espadas	5 – 7 de Espadas	XXII/0 – O Louco
Cavaleiro de Copas	8 – 10 de Copas	XII – O Pendurado

Dez livros escolhidos dos autores

J. Fiebig / E. Bürger: **Tarot Basics Crowley. Tarot-Deutung – leicht gemacht.** Königsfurt-Urania (Edição paralela do livro sobre o tarô Crowley-Harris).

J. Fiebig / E. Bürger: **Tarot – Weg der Achtsamkeit.** ("O caminho para a realidade passa por imagens", Elias Canetti). O livro pode ser adquirido separadamente ou no kit com cartas. Königsfurt-Urania, 2018 s.

E. Bürger / J. Fiebig: **Tarot für Einsteiger.** Livro de bolso no kit com cartas. Heyne, 2022. (Publicado em 1994 pela Königsfurt e, a partir dessa data, conta com mais de 20 edições; traduzido em muitas línguas.)

Erika Haindl / Antje Betken / Johannes Fiebig (orgs.): **Hermann Haindl. Leben – Kunst – Tarot.** Edição bilíngue (alemão-inglês), ricamente ilustrada. Königsfurt-Urania, 2017.

Johannes Fiebig: **Visconti-Tarot. Das erste Tarot der Welt.** Lüchow, 2006. (Kit com livro e reprodução das históricas cartas do tarô Visconti.)

Johannes Fiebig: **Dalí-Tarot.** Nova edição, TASCHEN Verlag, 2019. (Kit com livro e o tarô de Salvador Dalí, disponível em diversas línguas.)

Johannes Fiebig: **Dalí-Tarot Gold Edition.** Königsfurt-Urania, 2018. (Edição de luxo das cartas de Salvador Dalí, com corte dourado. Brochura bilíngue, alemão-inglês.)

Johannes Fiebig: **Du bist was du vergisst. Der Ressourcentest.** "Auf den Spuren der Unknown Unknowns." Königsfurt-Urania, 2018. (Kit com livro de bolso e teste ilustrado.)

Kb. Vollmar / J. Fiebig: **Traum und Traumdeutung – erleben und verstehen.** Königsfurt, 1999.

Johannes Fiebig / R. A. Gilbert / Mary K. Greer / Rachel Pollack: **Das Tarot von Waite und Smith.** TASCHEN Verlag, 2022. (Amplo volume, com texto, imagens e cartas.)